JN439266

인연, 그 소중한 만남

박건오 수필집

교음사

꽃의 향기

꽃은 만인이 좋아하는 식물로서 산이나 길가 어딘가에 예쁘게 피어 있을 때 가장 아름답고 꽃향기가 오래갈 것입니다. 또한 꽃은 아름다움의 향기로 곤충을 유혹한다고 합니다.

따라서 자연은 생(生)을 다 한 반면 인간은 즐거움을 누린다고 하겠습니다.

수많은 꽃 중에서도 천리향의 향기는 천 리를 가고, 사람의 향기는 만 리를 간다고 합니다. 이는 사람과의 인연은 소중하다는 뜻으로 생각됩니다. 또 살아가면서 모든 일을 잘하라는 의미도 담겨 있다고 하겠으므로 성냄과 탐욕을 내려놓고 모든 사람이 꽃향기 나는 그런 사람이 되었으면 하는 바람입니다.

『수필문학』과 인연을 맺은 지 오랜 세월이 흘렀습니다. 흐르는 세월 속에 전국 유명관광명소에서 열린 1박 2일의 『수필문학』 하계세미나는 꽃향기 나는 힐링의 장이었습니다.

수필은 인생이나 자연 또는 일상생활에서의 느낌 등을 표출하는 것으로 지난날을 회상하며 집필한 글을 미력하나마 『인연, 그 소중한 만남』으로 수필집을 출간하게 되었습니다. 그러나 책 속에는 자신의 내면의 생활상이 그려져 있어 결코 쉬운 일은 아니었습니다.

수필집이 나오기까지 작품 서평(書評)을 해주신 한국수필문학가협회 오경자 회장님, 문화예술진흥기금을 위해 정성을 다하신 이민호 『수필문학』 편집위원님, 편집과 교정을 맡아주신 월간 수필문학사 강병욱 대표님과 류진 편집국장님에게 감사드립니다.

2021년 7월에

저자 **박건오**

박건오 수필집

3. 대청봉에서 천왕봉까지

4. 인연, 그 소중한 만남

5. 발길 닿는 곳으로

6. 향토 사랑과 보석 같은 섬

산양읍에 있는 박경리 기념관

1

지난날의 회상

- 섬마을 콘서트
- 산골, 섬 어린이
- 사량면 면(面)서기
- 우물
- 그리운 어머니
- 잊지 못할 중학 동기생
- 소록도의 애환
- 독서의 계절

섬마을 콘서트

한려수도 푸른 파도 출렁대는 사량도 덕동항 해변에서 세계적인 피아니스트 백건우의 콘서트가 2013년 6월에 열렸다. 2011년 욕지도에 이어 통영에서 섬마을 콘서트가 두 번째다. 욕지도는 배우 윤정희 씨가 1977년 김수용 감독과 섬의 아름다운 배경으로 영화 '화려한 외출'을 촬영한 인연으로, 사량도 공연은 윤정희 씨가 제안했다는 후문이다.

백건우 씨는 피아니스트음악에 대한 풍부한 레퍼토리와 서정적인 피아니즘으로 많은 팬을 보유한 세계적인 연주자로 왕성한 활동을 이어가고 있다.

공연 당일 사량도 덕동항 공연장은 일상의 생활에서 잠시 손을 놓고 몰려든 관객들의 설렘으로 가득했다. 도산면 가오치 부두에서 카페리호 여객선에 승선한 사람들은 뱃길로 40분 거리의 사량도 공연장으로 들어왔다. 또 통영항 연안 여객선 터미널에서도 정기여객

「사량도 덕동항 백건우 섬마을 콘서트장」

선을 타고 사량도로 입항했다. 부두에서 공연장까지 길게 줄을 서 차례로 입장하고 있었다. 와! 웬 섬에 이렇게 많은 사람들이 올 수 있을까? 육지와 달리 해상교통도 불편한데….

석양이 물들기 시작한 하늘과 짙푸른 바다, 사량도 아랫섬과 웃섬의 섬 중앙 해변에 자리 잡은 무대는 통구미 배 모형의 나무로 만들어져 이색적이다. 덕동항 포구에는 어선 여러 척이 정박해 있고, 바다에는 배 몇 척을 띄워 조명까지 밝혀 섬마을 콘서트장은 육지에서는 보기 드문 힐링이다.

숨을 멎게 할 듯 완벽한 구도에 귓전에 들릴락 말락 하는 낮은 파도 소리와 초여름 날씨를 시원하게 식혀줄 해풍까지 밀려온다. 순결한 오감이 꿈처럼 살아난다.

2천여 명의 관객들이 오랜 기다림 끝에 검은색 일색의 백건우 씨가 무대 위에 오르자 모두가 기립박수로 환영했다.

그의 부인 윤정희 씨는 객석 뒷좌석에 앉았다. 영화계의 한 시대를 풍미했던 윤정희 씨는 청춘 시절의 예쁜 모습은 지나온 세월 속에 노년의 품위 있는 모습으로 시선을 끌었다. 잠시 침묵이 흐르는 시간 속에 백건우 씨의 공연은 시작됐다. 모두가 숨을 죽인 채로 공연에 빠져든 느낌이다.

인사말을 생략한 채 주민들을 향해 진지하게 고개를 숙인 그는 피아노 앞에 앉아 잠시 바다와 하늘을 보다 쇼팽의 「야상곡」, 리스트의 「베네치아와 야상곡」, 베토벤의 「비창」 등으로 공연은 1시간 동안 진행되었다.

건반 위의 역동적인 강한 선율은 밀려왔다 밀려가는 파도를 타고 한적한 어촌마을 밤하늘을 수놓았다. 연주가 진행되는 동안 관객들로부터 여러 차례 박수갈채를 받았고, 마지막에는 기립박수로 앵콜! 앵콜을 외쳤다. 그의 연주곡은 여운으로 온 섬을 휘감았다. 공연은 성황리에 끝나고 그 많은 사람들이 섬을 빠져나가야 한다.

칠흑 같은 어둠으로 정기여객선이 끊긴 그 시간대, 섬을 들어올 때처럼 부둣가로 가는 사람들로 장사진이다. 밤이 깊은 덕동항 부둣가에는 카페리 사량호 불빛으로 휘황찬란하다. 사량호는 도산면 가오치 부두까지 밤늦게 몇 차례 운항하였다.

백건우 씨 부부는 공연에 앞서 이틀 전 섬으로 들어와 사량면의 작은 섬 수우도를 찾았다. 사량초등학교 수우도분교 폐교 운동장에서 주민 20여 명과 뜻깊은 작은 음악회를 가졌다. 또 바닷물이 빠지자 주민들과 바지락을 캐며 섬사람들과 추억을 쌓기도 했다.

수우도는 길게 뻗은 몽돌해수욕장과 확 트인 바다로 여름철에는 피서객이 붐빈다. 또 작은 섬인데도 동백나무가 많이 자라고 있어 동백섬으로도 알려져 있다. 섬에는 설운 장군이 수우도·욕지도·사량도 등 남해안 일대를 침략한 왜구를 물리쳤으나, 모함으로 억울한 죽음을 당하였다는 전설이 전해 내려오고 있다.

바다 섬 그리고 사람들의 섬마을 콘서트, 도시의 딱딱한 실내 공간을 탈피하여 호수 같은 바다, 출렁대는 항포구의 어촌마을에서 음악을 통해 나눈 소중한 콘서트는 생활의 힐링이 될 것이다. (2013)

산골, 섬 어린이

하얀 구름이 느리게 흘러가는 산골, 흐르는 계곡의 백옥 같은 야생화와 울창한 숲은 선경이다. 나무와 잡초 기암괴석이 있는 산골은 질투하거나 멸시하지 않는다. 산골은 고독하고 자연 그대로다. 운무(雲霧)에 깔린 산사의 고독을 알고 매서운 찬바람에 흰 눈이 내리는 엄동설한의 고독도 안다. 이런 두메산골에 사는 천진난만한 어린이들은 바다 구경하기가 쉽지 않다.

충북 속리산 산자락의 수정초등학교 삼가분교 학생들은 미래의 희망을 꿈꾸며 공부하고 있다. 이 학생들은 철썩철썩 파도치는 바다 구경이 소원이었다.

어느 날 수업시간에 남해안의 푸른 바다가 펼쳐진 광경에 매료된 어린이들이 통영시장(統營市長) 앞으로 바다를 구경할 기회를 달라, 바다 보는 게 소원이라고 편지를 보냈다. 깨알같이 쓴 편지 10통이 2013년 7월에 시장 앞으로 배달됐다. 이들 학생 중 한 학생이 대표

장사도 해상공원에서

로 시청 홈페이지에 글을 올렸다.

"저는 충청북도 속리산면 수정초등학교 삼가분교 5학년 2반 구정희입니다. 저희 학교는 '나'벽지인 산골에 위치한 전교생이 10명밖에 안 되는 작은 학교지만 가족같이 정이 넘치는 정다운 학교입니다. 한 교실에 2개 학급이 공부하는 복식 학급이에요. 저희 개나리 반은 6학년 오빠 한 사람과 저와 두 사람이 같이 공부하지요. 체육, 영어 같은 과목은 전교생이 함께 공부하고 등산 민물 고기잡이도 자주 하는 정말 재미있는 학교입니다. 학교 스쿨버스도 없어서 선생님들 차를 돌아가면서 우리들을 통학시켜 주시고요. 교실 수가 적어서 교무실이 교실이고 선생님들과 함께 생활하는 돌봄 교실 겸 도서실이기도 합니다. 학교생활도 선생님들과 함께 등교해서 함께 하교하지요.

우리 학교 어린이들은 대다수가 가난하게 살고 있어요. 재준이, 지은, 연이는 엄마가 안 계셔 할머니가 키워 주시고요, 현석이 오빠 광석이 외갓집은 필리핀이랍니다. 그래서 우리는 방학이 되어도 가족 여행 같은 것은 꿈도 못 꾸고 모두 학교에 나와 놀고 공부한답니다.

시장님! 우리 학교 어린이들이 소원이 한 가지 있답니다. 우리 학교 어린이들은 태어나서 지금까지 바다 구경 한 번도 못 해 보았답니다. 우리 어린이들에게 아름다운 통영의 바다를 구경할 수 있는 기회를 주신다면…."

구정희 어린이는 기쁜 소식을 기다리겠다며 글을 마무리했다.

통영시장은 구정희 어린이의 편지에 감동을 받고 이들을 초청하기로 했다. 지역업체의 협조를 얻어 어린이들은 9월 하순경에 2박 3일의 여정으로 교직원 등 모두 20명이 통영에 오게 됐다.

어린이들은 통영 방문 이틀째를 맞아 유람선에 올라 꿈에도 그리던 바다 구경으로 장사도 해상공원을 향했다. 장사도는 통영항에서 뱃길로 40분 거리다. 처음 유람선을 탄 산골 어린이들은 선미로 나와 날아오는 갈매기에 먹이를 주고는 출렁이는 코발트빛 바다를 마음껏 누리며 어린이들은 장사도에 도착했다. 동백나무와 후박나무가 지천인 장사도 숲길을 걸어 섬 중앙에 올랐다. 1970년대 이곳 섬마을 어린이들이 다니던 옛 장사도 분교에 들렀는데 분교는 옛 건물 그대로 보존되어 있었다. 산골 어린이들은 교실에 있는 풍금을 치며 "엄마가 섬 그늘에 굴 따러 가면 아기가 혼자 남아 집을 보다가 ♪…" 「섬집아기」 동요를 부르며 섬 어린이들을 회상했다.

장사도 분교는 1968년 4월에 교실 한 칸, 교무실 한 칸으로 개교하여 1991년에 폐교됐다. 장사도는 길게 뻗은 동백나무 터널, 옛 주민이 살던 집과 주변의 대덕도, 소덕도와 한려수도의 풍광이 절경이다. 어린이들은 2박 3일 동안 꿈에도 그리던 바다의 품에서 마음만은 갈매기처럼 훨훨 날았을 것이다.

산골과 한적한 섬의 생활상은 별반 다르지 않다. 몇 년 동안 정보화마을 관리자로 근무했던 통영시 산양읍 학림섬 산양초등학교 학림분교는 교사 1명에, 6학년 학생과 1학년 학생 등 2명이 전교생이다. 학교 선생은 하루 몇 차례 드나드는 여객선으로 시내에서 출퇴근하지만, 학생은 섬이 고향으로 6학년과 1학년이 한 교실에서 공부를 했다.

학생들은 야외학습 시간에는 뒷산에 올라 자연관찰과 바닷가로 나가 수평선을 바라보며 꿈을 키워갔다. 출렁대는 파도 넘실거리는 물결, 파도는 밀려와 텅 빈 소라 껍질 속까지 채우고 밀려간다.

산골 어린이와 섬 어린이는 풀섶에서 지저귀는 산새 소리와 푸른 물결 출렁대는 섬에서 정서 함양과 꿈을 향한 열정으로 먼 훗날 훌륭한 사람이 되었으면 한다. (2013)

사량면 면(面)서기

1970년에 통영군에서 실시한 5급 공무원 공채 시험에 합격하여 그 이듬해 1월에 사량 면사무소에 공무원으로 첫 출발을 했다. 당시 농고 졸업생들은 농업직, 농촌지도직 공무원을 희망해 대다수 농고 졸업생들은 면서기로 사회 첫발을 내디뎠다. 그때는 경쟁률이 4대 1로 지금은 인기 직종으로 100대 1이 넘는다. 첫 발령을 받고는 내무과 행정계에서 얼마 동안 실습을 했다.

임용장을 받고 집에 가니 아버지께서 좋아하시면서 "주민들에게는 친절히 하고 인사를 잘하라"고 하시었다. 약 보름간의 실습을 끝내고 강구안 부두에서 오후 2시 반에 출항하는 명성호에 승선 도산면 수월마을에 정박 주민들을 내려주고 2시간 만에 사량도에 도착했다. 면 소재지 진촌마을은 사량도의 서울로 육지에서 보기 드문 TV 안테나가 여기저기 보여 섬인데도 잘 사는 섬마을같이 보였다.

면사무소는 신축한 지가 오래되어 건물이 낡아 허름하다. 섬에는 전화가 가설되지 않아 급한 공문은 통신실에서 무선으로 주고받았다. 근무시간에는 자주 마을 출장을 나갔다. 출장 시에는 산업, 보건 업무 등 몇몇이 함께 걸어서 출장 업무를 보았다. 마을에 가면 이장 집에 꼭 들렀다. 점심은 이장 집에서 라면이나 고구마로 때웠다. 또 아랫섬 덕동, 읍포, 외지 마을로 출장 시에는 웃 섬과 아랫섬의 동강항을 나룻배에 노를 저으며 건넜다. 근무한 지 조금 지나니 사량, 한산, 욕지면에 FRP로 만든 작은 행정선이 나왔다. 행정선은 승선 인원이 10여 명으로 이로 인해 각 마을 출장이 편리해졌고, 사량도의 작은 섬 수우도까지 쉽게 갈 수 있었다.

하숙집은 면사무소 소재지 마을 진촌에 방을 얻었다. 이 마을에는 면서기, 사량초등학교 교사, 중학교 교사 등 하숙생이 많았었다. 하숙비는 오천 원으로 첫 월급은 1만6천2백 원이다. 일주일을 근무하고 주말에는 육지 집으로 가는 게 낙이었다.

사량도는 웃섬(상도) 아랫섬(하도)과 수우도로 나누어져 있다. 웃섬과 아랫섬 사이는 해협으로 동강항이라 하고 진촌마을을 본떠 진해라고도 불리었다. 이 해협으로 부산항에서 거제 성포, 통영항, 사량도를 경유 남해 미조항까지 가는 여객선 페리호가 운항하였다.

사량도는 임진왜란 당시 요충지로 난중일기에 등장한다. 사량진(蛇梁鎭)은 임진왜란 당시 호남과 영남 바다를 잇는 조선수군의 주요 거점이었으며, 이충무공의 난중일기에도 '아침 식사 후에 출항하여 사량으로 향했다.'는 등의 표현이 수록됐다.

1980년대는 국가의 산업화와 경제성장으로 국민의 삶의 질 향상으로 레저문화가 성장하면서 등산 인구가 증가하였다. 이를 계기로 사량도 상도의 옥녀봉, 불모산, 지리산에 등산로가 개설되어 매스컴으로 알려져 연간 관광객 30만 명이 사량도를 찾았다.

옥녀봉 등산코스는 윗섬의 서쪽 돈지마을에서 출발 지리산, 불모산, 가마봉, 향봉, 옥녀봉을 거쳐 동쪽의 진촌마을까지는 6.7km로 약 5시간이 걸린다.

등산로 중간에는 봉우리와 봉우리를 연결하는 구름다리를 비롯해 외줄 타기, 밧줄 사다리 타기, 가슴 철렁한 철계단과 양옆으로 펼쳐진 한려수도의 빼어난 절경은 육지 등산에서 맛볼 수 없는 짜릿함을 느낀다. 돈지마을에서 출발 1시간을 걸어도 마을 뒷산 달바위에서 맴돈다. 한국 제일의 산악인 엄홍길도 이 코스를 종주하며 감탄을 자아냈다.

예전에 등산로 정비 전 산악동호회에서 20여 명이 옥녀봉 등산에 나섰다. 돈지마을에서 출발 지리산, 불모산, 가마봉을 거쳐 향봉 바위에 올라야 한다. 이 바위는 외줄을 잡고 올라 내려올 때는 줄 사다리를 타야 하는 험난한 코스로 이 바위를 올라야 건너갈 수 있다. 그 후에 향봉 바위는 바위 옆으로 타고 나오는 철계단을 설치해 놓았다.

옥녀봉 등산로가 환상의 등산코스로 알려지자 1999년 가을에 허경만 전남지사가 주말에 행정국장 등 7명을 대동하고 사량도에 왔다. 당시 통영시 관광시설 업무팀장으로 근무하던 때라 지사를 안내했다. 면 소재지 민박집에 숙소를 정한 지사는 저녁에는 횟집에서 저녁을 들며 즐거운 시간을 가졌다.

이튿날에는 옥녀봉 등산에 동행했다. 숙소를 출발 윗섬의 중간 지점에 있는 옥동마을에서 성자암을 거쳐 산에 올랐다. 허 지사는 나이가 연만한데도 산을 잘 올랐다. 일행들과 가마봉, 향로봉, 옥녀봉의 기암괴석과 에메랄드빛 바다를 감상하며 등산을 즐겼다.

사량도는 옥녀봉 전설이 전해 내려오고 있다. 오랜 옛날 바위 저 아래 마을에 옥녀와 홀아비가 살고 있었다. 옥녀는 어느덧 어여쁜 처녀로 자라 혼기를 맞아 예쁜 색싯감이었다. 아버지는 나이 찬 예쁜 딸을 보자 욕정을 참지 못하고 범하려 덤벼들자 딸은 아버지에게 약속을 제안하여, 아버지가 소가죽을 덮어쓰고 "음매, 음매" 하며 옥녀봉을 기어오르자 옥녀는 바위로 몸을 날려 바위가 빨갛게 물이 들었다는 전설이다. 이로 인해 웃 섬의 등산로를 옥녀봉 등산로라고 부르기도 한다.

사량도는 2015년에는 웃섬과 아랫섬을 연결하는 사량대교가 개통되고, 상도의 진촌에서 대항, 내지, 돈지, 옥동을 잇는 일주도로 완공과, 옥녀봉 등산코스와 먹음직한 해산물 등으로 관광객이 많이 찾고 있다.

2년여 동안의 사량면 면서기는 잊지 못할 공직 생활로 공직의 디딤돌이 되었다. (1999)

우물

노자(老子)의 도덕경(道德經)에 '상선약수(上善若水)'라는 구절이 나온다.

"최상의 선(善)은 물과 같이 되는 것이다."는 뜻이다. 물은 항상 높은 데서 낮은 데로 더러운 것을 정화(淨化)해 가며 흐른다. 겸손의 대명사이다. 물은 곧 생명체를 뜻하며 실제로 사람의 몸 70%가 물로 구성되어 있다. 물은 열을 가하여 데우면 기체가 되고 기온이 떨어져서 추우면 얼어서 고체가 된다.

사각형 되박에 담으면 사각 모양이 되고 삼각형 용기에 넣으면 삼각형으로 변화되고 둥근 비닐 용기에 담으면 그 모양대로 닮는다.

주변 환경에 잘 적응하고 모난 데가 없다. 고여 있는 물은 썩기 마련인데 흐르는 물은 항상 생기가 넘친다. 물이 흘러감에는 앞을 다투는 법이 없다.(유수부쟁선: 流水不爭先) 물의 유연성과 중요성을 화두로 꺼내니 자연스레 우물 이야기가 나온다.

우리네 선조들은 식수와 생활용수를 쓰기 위하여 마을 군데군데 우물을 파서 사용했다. 우물을 파기 위하여서는 먼저 입지를 선정하고 땅을 파는 굴착작업을 해야 한다. 그다음은 견칫돌 등으로 안벽을 쌓는데 어떤 데는 시멘트 공골로 대체하기도 한다. 바닥에는 자갈과 모래를 깔아 이물질 발생을 방지한다.

공동우물을 팔 때에는 부정을 타면 좋지 않으므로 금줄을 치고 기도를 올리며 정성 들여 작업을 한다. 우물은 동네 아낙네의 이야기 공간이다. 두런두런 둘러앉아 동네 인심을 나누고 소통의 장이 된다. 정겹고 살가운 곳이며 이웃 주민과 살아가는 이야기를 나누고 추억과 애환이 담긴 곳이다.

하루 종일 논밭에서 일하고 해가 서산으로 기울면 동네 언니들 엄마들은 나물거리, 쌀, 푸성귀 등 식재료들을 들고 나와 씻으며 한바탕 수다를 늘어놓는다. 또한 동네 아낙네들이 공동 우물가에 모이면 남편 험담, 시누이 흉보기, 아들딸 자랑, 남의 집 숟가락 세기, 길흉사까지 이야기가 끝이 없다. 이른바 스트레스 풀기다.

이런 만남의 장을 통하여 공동체 구성원이라는 동질감을 더욱 짙게 형성해 준다. 농촌 마을에는 여름이면 두레박으로 막 건져 올린 시원한 우물물로 등목을 치면 그 오싹함에 더위가 확 달아나 버린다. 장마 동안에 지표수 물이 우물 안에 스며든다든지 이물질이 침투가 되면 청소를 하여 깨끗하게 하는데, 이때 아낙네들은 새참을 가져온다. 동네 꼬마 아이들은 주변에서 우물 파는 시늉을 하거나 놀이를 하면서 뭐 먹을거리가 없나 하고 기웃거리곤 했다.

우리네 어머니들은 집안의 대소사를 앞두고 성주님과 조왕신(竈王

神: 부엌을 관장하는 신)께 기도드리고 정성을 다한다. 새벽 일찍이 남먼저 이 우물물을 길어다가 정갈한 그릇에 정화수 한 잔 떠서 장독간에 올려놓고 천지신명께 비는 것 또한 빠뜨리지 않았다.

내가 자란 고향 마을은 앞뒤가 산으로 '골안' 마을이다. 마을 입구에는 수령이 300년이나 된 당산나무가 마을의 역사를 의미한다. 나무 아래는 타작마당이 있어 여름철에는 마을 사람들이 이곳 그늘에서 낮잠을 자기도 하였다.

동네 중앙으로는 실개천이 흐르고 앞산 너머는 해산물이 풍성한 바다가 있어 살기 좋은 고향이다. 마을에는 우물 2개가 있다. 마을 가운데 있는 우물은 깊이가 20m 정도의 제법 큰 우물로 여름철에는 이가 시리도록 물이 시원했다. 논밭에서 일하고 온 부모들 땀을 식히기 위해 급히 두레박에 물을 담아 오기도 했다. 이 우물은 사람 허리까지 오는 정사각형의 돌을 놓아 아낙네들은 물동이를 돌 위에다 놓고 두레박으로 물을 길으며 이야기의 꽃을 피웠다. 때로는 처녀 총각의 만남의 장소가 되기도 하였다.

또 대밭 언덕 아래 있는 우물은 바가지로 물을 뜰 수 있어 주로 채소, 생선 등 식재료를 씻는 우물로 사용했다. 우물은 사용 중에 이물질이 들어가면 꼭 청소를 하였다.

시대의 흐름 속에 농촌 마을과 섬에까지 상수도가 공급되면서 우물은 대부분 사용하지 않아 폐쇄되었다. 그 시절 양철 물동이에 물을 채우고 똬리를 받쳐 머리에 이고는 바가지를 얹어 조심조심 걸음을 옮기던 우리네 어머니와 머리를 길게 땋은 누이의 옛 모습은 추억 속으로 사라져 다시는 볼 수 없게 되었다.

그리운 어머니

기승을 부리던 꽃샘추위가 물러가고 양지바른 언덕에는 파릇파릇 새싹이 돋아나니 이제 완연한 봄인가 보다. 오늘은 농촌에 계시는 어머님을 모시고 안과 의원에 가기로 한 날로 차를 몰고 고향으로 달렸다. 고향 마을 어귀에는 고목이 된 정자나무와 푸르름이 가득한 실개천에는 봄 향기가 가득하다. 고향은 어느 때 와도 어머니 품속 같다.

일찍이 안과 의원에 갔더니 몇 사람이 와 있었다. 안과의원에서 진찰을 한 결과 어머니는 당뇨병 하고는 관계없는 백내장으로 눈이 어둡단다. 오른쪽 눈이 더 심하니 오른쪽 눈부터 먼저 하자고 수술 날을 받아 주었다.

어머니는 평소 혈압약, 당뇨약을 복용하며 성인병을 조절해 오면서 기저질환을 극복했다. 수술 후에는 통원치료를 받아야 하기에 얼마 동안은 농촌에 가지 않고 내 집에 머물러야 한다.

어머니의 눈 수술 소식을 전해 들은 동생들이 수술비에 써 달라고 돈을 보내왔다. 안과의원에 오는 환자 중 고령의 할머니가 많아 보였다. 할머니들은 귀가 멀어진 지는 오래이고, 눈마저 멀어져 가자 아들딸과 함께 안과의원에 오는 것 같았다.

백내장 수술은 20분 만에 끝나고 잘되었다고 한다. 집에 오니 아내는 작은방에다 누비보로 요를 깔고 시어머니의 잠자리를 마련해 놓았다. 어머니가 집에 계시는 동안은 내가 할 수 있는 일은 아내에게 미루지 않고 내가 하기로 마음먹었다. 작년 설 전에 어머니가 몸이 불편하자 아들이 셋인데 병원에 입원시키라고 해 어머니를 모시고 병원에 갔더니 진료만 하고 입원할 병이 아니라고 어머니는 극구 사양을 했다.

예전에 농촌에 살고 계시는 장모님께서 딸 집에 가끔 오곤 했다. 한번 오시면 몇 개월 쉬어가기도 했는데 애연가로 긴 담뱃대를 입에 물고 담배를 피웠다. 어느 날 유치원에 다니는 아들 녀석이 몇 개월 만에 딸 집에 온 외할머니가 현관문에 들어서자 "할머니 집에 언제 갈 거예요" 한다고 한바탕 웃기도 했다.

어머니는 오른쪽 눈 수술을 끝낸 후 보름 만에 왼쪽 눈도 수술을 마쳤다. 며칠 동안 어머니와 같이 생활하다 보니 어머니의 기력이 많이 떨어진 것이 역력하다. 세수하러 갈 때도 몇 발자국 기어서 나오시고, 아침 저녁밥은 댓 숟가락 드시고 점심은 잘 거르는 편이다. "애야 오늘이 목요일이가?" "예 어머니 맞는데 어떻게 알아요" TV에 목요일이라고 손짓을 한다. 이제 눈이 잘 보이는 모양이다.

나는 아침에 일어나면 어머님께 문안도 드리고 눈에 안약도 넣어 주고, 한약도 데워다 드렸다. 어머니는 나이가 팔순이라도 꼬박꼬박 한약도 챙기시고 안약도 눈에 넣어 주라고 했다.

옛말에 '잔병에 효자 없다'고 하였듯이 나는 이 말을 되새기며 농촌에 계신 형님이 생각났다. 장남이 된 도리로서 오랫동안 어머님을 모시면서 어머니와 불협화음도 있었으리라 생각된다.

어머님을 모시고 처음 안과에 올 때 형님에게 "어머니 내 집에 좀 오랫동안 있도록 할게요. 좀 편안하게 지내세요"라고 했다. 어머니는 더 있으라고 하여도 도시 생활이 불편한가 한 달 만에 집으로 갔다.

평소 어머니는 고성읍 내 장에 갈 일이 있으면 꼭 전화를 하신다. 예전에는 혼자서도 읍내 장에 다니시더니 나이가 들면서 지팡이를 짚고 나들이를 하셨다. 집에서 1km 정도 떨어진 버스 정류소까지 가는데 몇 번을 쉬어야 갈 수 있다고 하시더니 이제는 혼자서 읍내 장에 갈 수 없는 처지가 되어버렸다.

'따르릉' 전화벨이 울린다. 어머니 전화다. 며칠 있으면 설 명절인데 내일 읍내에 가서 머리 손질도 하고 당뇨약도 타러 가자고 하신다. 토요일 어머님을 모시고 읍내에 나가 병원에서 약도 타고 미용실에서 머리 손질도 시켜드렸다. 작년 설 전에 추운 날 어머님을 찾았더니 어머니는 이 추운 겨울을 피하고 내년 봄 따뜻할 때 저세상을 갈 것이라고 했다. "어머니 이 좋은 세상에 오래오래 사셔야지요. 무슨 말을 그렇게 하세요. 어머니는 올해 여든하나잖아요." 하면서 편안하게 지내시라고 했다.

그러나 어머니는 이듬해 따뜻한 봄날 5월에 형님과 형수가 밭에 가서 일하고 점심 먹으러 오니 어머니는 병원에 입원 한번 안 하고 홀연히 하늘나라로 떠나셨다.

나무는 조용히 서 있고자 하나 바람이 그치지 않고 자식은 부모를 봉양하고자 하나 어버이는 기다려 주지 않는다는 말이 있는데 살아생전에 한다고 했지만 잘못하고 불효한 것이 왜 없겠는가? 부모님이 돌아가시고 나니 역시 후회만 남는다.

그리운 부모님 사랑합니다. (2006)

잊지 못할 중학 동기생

깊어가는 가을과 함께 중학교 동기생들이 한자리에 모였다. 중학교를 졸업하고 48년 만에 1박 2일로 거제 옥포에서 만남을 가졌다.

고교 진학을 위해 뿔뿔이 헤어졌던 친구들은 오랜 직장생활을 거쳐 정년퇴직 후 이순의 나이에 자리를 같이했다. 실로 반가운 일이 아닐 수 없다. 서울, 부산, 통영, 거제에서 모여든 20명의 반가운 친구들은 그때의 얼굴이 아닌 몰라보게 변해버린 모습들을 바라보며 반가워했다.

어둠이 짙어가는 옥포항, 중학교 친구가 운영하는 일식집 식당에 자리 잡은 우리들은 밤이 깊도록 이야기를 나누었다. 대머리가 된 K씨, 외교관(총영사)이 된 P씨, 늘 공부 1~2등 하던 J씨, 그때나 지금이나 변함없는 유머의 K씨(거제시청 국장) 등 모두가 정다운 친구들이다. 우리는 밤이 깊도록 자기가 걸어온 인생길에 대해 이야기꽃을 피우며 깊은 밤을 보냈다.

학창시절의 추억담으로 어머니 밑에서 자란 K씨의 이야기가 화젯거리였다. K씨 어머니는 아들을 중학교에 입학시켜 놓고 며칠 동안 밤잠을 설쳤단다. 배정받은 교실이 2층이라 아들 녀석이 하도 장난꾸러기여서 2층에서 떨어질까 봐 걱정을 했다는 이야기다. 그것도 그럴만 하다. 2층 교실 복도 바깥쪽이 밀폐가 아닌 쇠파이프로 설치돼 있어 운동장이 훤히 보였다.

당시 시내에는 중고등부 배구대회가 열려 대회장으로 응원하러 다니던 기억난다. 학교 앞 도로는 비포장도로로 비만 오면 흙탕물이고 주변은 논밭으로 농촌스러웠다.

고현에서 보낸 시간이 밤이 깊어서 숙소가 있는 와현 해변 펜션으로 이동했다. 그러나 그대로는 잠을 잘 수 없는 기분이어서 다시 어둠이 짙은 와현 해변을 걸었다. 와현 마을은 2003년 태풍 매미로 인해 쑥대밭이 된 곳 마을 앞에는 노거송 등 조경이 잘된 '매미공원'이란 팻말이 있었다.

태풍 매미가 휩쓸고 간 와현 마을은 옛 와현 마을이 아니었다. 주택은 새로 짓고 마을 안길은 차가 교행할 수 있고, 방파제도 새로 만들어져 이국의 도시처럼 꾸며졌다. 와현 백사장에는 젊은이들 몇 명이 모여 앉아 부르는 은은한 노랫소리가 파도에 밀려왔다. 친구들은 백사장을 거닐며 밀려왔다 밀려가는 파도 속에 밤이 깊도록 이야기의 꽃을 피웠다. 이튿날은 영화 촬영장이었던 공고지를 향했다. 산길을 따라 산등성이에 올랐다. 억새 풀밭의 산길을 지나니 내리막길로 양옆으로는 종려나무가 무성하다. 공고지 해변은 몽돌밭으로 영화 「종려나무숲」의 촬영 무대가 되었던 관광명소로 알려져 있다.

일요일이라 나들이 나온 사람들로 북적였다.

공고지 농장에는 100년 만에 꽃이 핀다는 용설란이 한편에 자리 잡고 있다. 앞바다에는 아름다운 섬 '내도'로 해안 안쪽에 있다 하여 내도라 하고 여기서 조금 떨어져 있으면서 잘 가꾸어 놓은 외도를 해안 바깥쪽에 있다 하여 외도라 부른다.

내도는 옛날에 주민 수십 가구가 모여 살던 섬마을이었으나 이제는 집 몇 채만 남아 주민이 살고 있다. 푸른 바다와 몽돌밭, 종려와 동백나무가 우거진 공고지 해변은 만인의 휴식처로 영원할 것이다.

흐르는 세월 동안 학교는 경영주가 바뀌고 학교도 원문고개 야산 전망 좋은 곳에 현대식 건물로 이전했다.

48년 만에 만난 중학 동기생, 어릴 적 학창시절의 추억을 회상하며 이순의 나이에 또 하나의 추억을 남기고 다음에 만나기로 약속했다. (2008)

소록도의 애환

고흥 반도에 위치한 소록도는 일제 강점기 한센병(나병) 환자를 강제로 수용하여 온갖 가혹 행위로 인권을 유린당했던 섬이다. 한센인의 애환이 서려 있어 천형(天刑)의 섬으로 알려졌던 이 섬에 남아 있는 환자들이 지난날의 아픔을 뒤로 한 채 사랑과 희망을 가꾸고 있다. 장맛비가 추적추적 내리는 6월에 고교 동문들과 소록도를 탐방하게 되었다.

소록도는 2009년 9월에 도양읍 녹동항과 연결하는 다리를 놓아 교통이 편리해졌다. 예전에는 녹동항에서 소록도로 운항하는 카페리호가 15분 간격으로 운항하였으나 지금은 차량이 드나들고 있었다. 소록도 해안을 따라 중앙공원으로 가는 2차선 도로 옆으로는 우체국과 도양읍 출장소가 있고 한적한 섬마을과 다를 바 없다. 또 백사청송(白沙青松)으로 어우러진 섬 주변 바다의 절경은 보는 이로 하여금 여기가 과연 천형(天刑)의 섬이었던가를 의심케 한다.

소록도는 섬의 생김새가 어린 사슴을 닮았다 하여 붙여진 이름으로 5층 건물의 국립소록도병원과 직원 숙소가 마련돼 있다. 또 일제강점기에 한센인을 강제로 수용했던 수용소와 한센인이 거주하던 7개 마을로 분포되어 있다.

소록도는 초창기에 6천여 명의 한센인이 강제로 수용되었으며 이 섬을 탈출하기 위해 야간에 녹동항으로 1km나 되는 바다를 헤엄쳐 건너다가 감시원들에게 잡혀 다시 섬으로 수용되기도 했었다.

한센인이 산책하고 망중한을 즐기는 중앙공원은 금편백나무, 향나무 등과 울창한 숲이 한센인의 쉼터로 중앙에는 나환자 시인 한하운의 「보리피리」 시비(詩碑)가 그립다. 한하운은 나병에 걸려 화제가 되었던 시인으로 자신의 천형(天刑)의 병고를 구슬프게 읊은 시는 나환자로 유랑하면서 인간적 고독과 향수, 그리움, 고통 등을 노래하고 있다.

섬 입구와 병원 중간 지점에 '수탄장'(愁嘆場)이라는 안내판에 흑백사진 한 장이 발길을 멈추게 한다. 사진 속 이곳은 어린 자녀들과 부모들이 일정 거리를 두고 서로 마주보며 면회하는 모습이 당시 한센인의 처절한 단면을 말해주고 있다. 면회는 한 달에 단 한 번 허용되었다. 만나는 날에 바람이 불며는 전염을 우려해 자녀들은 바람을 등지고, 부모들은 바람을 안고 면회를 가졌다. 면회는 부모와 자녀들이 도로 양옆으로 갈라선 채 눈으로 혈육의 정을 나누고 헤어져야 하는 운명으로 부모 자식 간에 눈물로 탄식하는 이 광경을 본 사람들이 탄식의 장소라는 의미로 수탄장이라고 불렀다.

경내에는 예전에 한센인을 강제로 수용했다는 빨간 벽돌집 건물은 그대로 보존돼 있어 당시의 참혹상을 알 수 있었다. 1984년에 방문한 '로마교황'이 세웠다는 예수그리스도 성상과 성모마리아 상을 비롯해 환자들의 애환과 박애정신을 엿볼 수 있는 기념물들이 보존돼 있었다.

보건복지부는 1982년 소록도 자혜의원을 국립소록도병원으로 명칭을 변경하여 운영하고 있었으며, 그동안 수많은 환자들이 소록도 이곳에서 한 많은 삶을 살다 떠났으나 이제는 더 이상 천형의 섬이 아니었다.

현재 소록도는 600여 명의 한센인이 7개 마을에서 생활하고 있으며 정부와 고흥군에서 생활비를 지원하고 있다. 이들 한센인의 평균 연령은 70세로 2세인 자녀들은 외지로 나가 살고 있으며 가끔 부모들을 찾는다고 도양읍사무소 직원들은 전했다.

자유의 섬이 되어버린 소록도 지금은 환자들이 간단한 절차만 거치면 뭍으로 나와 자유롭게 행동할 수 있다. 이날 따라 소록도는 장맛비로 안개가 자욱하여 섬 꼭대기는 보이지 않았다. 소록도를 떠나면서 아직도 개방되지 않는 한센병 환자촌을 바라보다 소록도 중앙공원 바위에 새겨진 한하운 시 「보리피리」를 생각하며 옮겨본다.

도양읍 녹동항에서 거문도를 왕래하는 여객선과 크고 작은 배들이 소록도의 애환을 아는지 모르는지 녹동항을 드나들었다. (2010)

보리피리

한하운

보리피리 불며
봄 언덕
고향 그리워
피ㄹ닐니리
보리피리 불며
꽃 청산
어릴 때 그리워
피ㄹ닐니리

보리피리 불며
인환의 거리
인간사 그리워
피ㄹ닐니리

보리피리 불며
방랑의 기산하(幾山河)
눈물의 언덕을
피ㄹ닐니리

독서의 계절

한 달 동안 계속되던 불볕더위가 하룻밤 비로 물러가고 어느새 가을이 성큼 다가온 느낌이다. 가을은 독서의 계절이라고 하지만 아랫목이 따뜻한 겨울이 독서하기에 더 좋은 계절인 것 같다. 책 읽기에 사계절을 나눌 필요는 없지만 아무래도 아랫목이 따뜻한 겨울이 독서하기에 좋은 계절이라 생각한다.

독서는 공부를 의미한다. 독서가 키워준 내공이 어딘가 모르게 힘을 발휘하며 삶의 향기를 이끌어 가기 때문이다. 좀 더 나은 사회생활과 취업을 위해서 또는 지식 정보를 얻기 위해서 사람들은 제 나름대로 공부를 하기 마련이다.

옛 선비들의 공부하는 모습을 살펴보면 조선 시대 어느 선비는 남을 이기기 위한 공부는 하지 말라고 했는데 이는 사람이 되기 위한 공부를 하라는 뜻이다. 사색도 중요하다. 암기식의 공부가 아니라 사색을 통해 내 것으로 만드는 것도 잊지 말아야 한다. 단순한 암기로 생각이 연결되지 않는 나열된 상식은 힘이 아니다.

최근 인터넷 발달로 독서 인구가 줄고 책 읽은 사람들이 그리 많지 않다는 통계다. 2008년 문화체육관광부의 국민 독서 실태조사에 따르면 우리나라 성인들 중 1년에 책을 한 권도 읽지 않는 사람이 10명 중 3~4명이나 된다고 한다.

또 성인의 독서량은 한 달에 단 한 권의 책을 읽지도 않는다는 것이다. 독서 인구가 점점 줄어가는 만큼 출판업계는 매출이 줄어들기 마련이다.

통영에도 몇몇 서점가가 있었다. 1945년에 문을 연 이문당을 비롯해 충무도서, 강남서점이 운영되고 있다. 그러나 최근 교육정책 변화, 인터넷 등으로 문을 닫기 시작하여 지금은 이문당과 강남서점만이 흔적을 남기고 있다. 이문당 하면 통영서점가의 한 시대를 풍미했던 책방으로 70여 년 동안 명성을 떨쳤으나 이문당 마저 사라지고 이제 강남서점만 명맥을 유지하고 있다.

통영 출신 박경리 작가는 한 언론사와의 대담 중에 "통영은 충무공 이순신 하나만 잘 가꾸고 다듬어도 타지역 못지않게 발전을 이어 갈 수 있다고 하면서 어릴 때부터 그렇게 독서를 많이 하였단다. 문학, 역사, 인문, 사회, 지리, 과학, 예체능… 나중에 천체, 천문학, 우주까지 점렵하니 어느 정도 인생살이에 대한 철학이 서더란다."고 이야기했다.

박경리 선생의 생명, 환경 등을 주제로 다룬 대하소설 『토지』는 26년에 걸친 대역사로 작가의 혼이 담긴 결정체로 여겨진다.

평생 공부란 말이 있다. 우리 주변에 한평생을 살아가면서 공부하는 사람들을 더러 볼 수 있다? 모든 공부는 지속적이어야 하고 열정과 의욕이 있어야 가능하지만 공부하는 것을 늘 마음에 품고 조금씩 발전시켜 나가는 것이 중요하다. 나이가 들면 기억력도 떨어지고 금세 돌아서면 잊어버리기 때문에 기억이 오래가지 않는다.

2012년 연말에 통영농협에서 마련한 중국어 교실에 공부를 하게 됐다. 일본어는 예전에 2개월을 공부하였으나, 중국어는 처음이다. 3개월 코스로 주 2회 각 2시간이다. 강사는 중국 산동성 출신 류모 여성 강사로 한국어를 잘하면서 중국어를 잘 가르쳤다.

처음 등록 시에는 40여 명에 달했으나 끝날 무렵에는 절반도 못 되었다. 또 이듬해 봄에 3개월 코스로 작년 연말에 배운 중국어 공부를 반복적으로 하게 되어 큰 도움이 됐다.

공부하는 사람의 연령층은 서호시장 상인, 30대 가정주부에서 60대에 이르기까지로 열심히 공부했다. 중국 노래 하나라도 배워 가자고 해 공부할 때마다 첫머리에 중국 노래 「첨밀밀」 「월량대표아적심」을 배웠다.

공부하는 동안 한 번도 빠짐없이 출석했다. 친구들과 노래방에 가면 중국 노래 「월량대포아적심」을 원어로 한 곡조 뽑아 배운 보람을 느꼈다.

공부나 독서에서 중요한 것은 자주 책을 봐야 한다. 교육이 끝나면 책을 덮어두고 다시는 보기 어렵다. 공부는 각자의 체질과 성향에 맞게 하겠지만, 공부가 일상처럼 몸에 밴 습관이 된다면 더할 나위가 없을 것이다.

혹자는 하루에 책을 안 보면 신문 공부라도 하는 습관을 가지라고 하였듯이 독서하기 좋은 가을과 겨울에 좋은 책을 골라 공부하는 습성을 가져 보자. (2013)

2

사람의 향기

실버반

우리나라는 삶의 질 향상으로 고령화 사회로 접어들고 있다. 국제연합이 정한 바에 의하면 65세 이상 노인 인구 비율이 전체 인구의 7% 이상을 차지하는 사회를 고령화 사회라 한다. 또 UN은 65세 이상 노인 인구 비율이 14% 이상이면 고령사회, 20% 이상이면 초고령사회로 구분하고 있다.

2000년 7월 1일 기준으로 65세 인구가 전체 인구의 7.1%를 차지해 우리나라는 고령화 사회에 진입했다.

따라서 정부에서는 노인복지 시책과 일자리 창출 등에 많은 정책을 쏟아내고 있다. 통영시에서도 노인 일자리는 물론 시민 정보화교육장 등을 운영하고 있다. 인터넷시대에 컴퓨터 활용을 위한 정보화교육장에는 어르신들이 컴퓨터 공부를 하고 있다. 우리 시의 정보화교육은 10년 전부터 시청 정보화 교육장에서 실버반과 젊은층 대상으로 교육을 실시해 왔다. 실버반은 55세 이상의 어르신들로 지금

제2회 통영시 어르신 정보화 능력 경진대회 입상자
맨 왼쪽이 필자, 중앙이 통영시 부시장 (2010. 5)

은 무전동 종합사회복지관에서 매년 2월부터 12월 말까지 하루 2시간씩 정보화교육이 실시된다.

2009년 연말에 종합사회복지관에서 6주간의 정보화 교육을 20여 명의 여러 어르신들과 함께 공부를 했다. 다행히 나와 같은 또래의 교육생이 5명이나 되어 위안이 됐다.

평소 컴퓨터의 하드웨어는 남에게 뒤떨어지지 않을 정도지만 소프트웨어의 아래한글 문서편집과 인터넷 이메일 사진 전송 등은 잘 몰라 이번 기회에 배우기로 했다.

실버반 교육과목은 윈도우, 한글, 인터넷 활용 등으로 편성돼 있다. 교육생 연령 분포도는 50대부터 여든 살 되는 전직 대학교수, 법무사, 전 한전 직원을 비롯해 컴맹인 아줌마 어르신 등이다. 어르신들은 이메일을 다 갖고 있고, 몇 년 동안 반복교육을 받아 타자치는 속도와 문서편집은 잘하고 있었다.

강사진은 30대 후반의 여성으로 톡톡 튀는 강의가 실버반 교육 분위기를 잘 맞춰 나가 어르신들이 잘 따랐다. 또 보조강사 박모(75세, 여성)씨는 도남동에서 버스로 출근하여 수년 동안 자원봉사로 잘 모르는 교육생을 가르쳐 주고 있다. 교육생 중 여든 살의 전직교수는 딸 같은 강사를 보고 "선생님 이것 좀…" 꼭 선생님이라고 불렀다.

6주 동안 공부하면서 배운 것도 많았다. 나이에 관계없이 먼저 본 어르신이 인사를 하고 컴퓨터 수업이 끝나면 수고했다는 인사도 빠지지 않는다. 통영시는 교육이 끝나고 이듬해 4월에 제2회 통영시 어르신 정보화 능력 경진대회를 실시했다. 경진대회는 55세 이상으로, 시험 과목은 한글문서 편집, 인터넷 검색으로 제한 시간은 1시간이다. 나는 정보화 경진대회시험을 응시하기 위해 신청서를 이메일로 제출하고 조금 더 나은 점수를 받기 위해 방과 후 정보화 교육장에서 지난해 출제된 문제지를 보고 시간 나는 대로 연습을 했다.

시청 제2청사 정보화 교육장에서 실시된 시험은 50여 명이 응시했다.

연령층은 55세에서 60대, 70대에 이르기까지의 어르신들이다. 시험 문제는 A4용지 한 장의 문제지를 타이핑한 다음 문서편집과 인터넷 검색으로 정답을 찾아야 한다.

시험이라 긴장되기는 마찬가지다. 황 모 응시자는 열 손가락으로 타이핑해 10분도 안 걸리는데 독수리 타법인 나는 20분이 걸렸다. 나머지 40분 동안 문서편집과 인터넷 검색을 마쳐야 한다. 시험은 배우지 못한 한글 문서 하나를 하지 못했지만 그렇다고 적어 넣은 답이 다 정답이라고 생각지도 않는다.

시험 결과가 시 홈페이지에 발표되었다. 모두 6명이 입상하여 나는 장려상으로 명단에 올라 다행이었다. 이를 계기로 입상자는 진주국제대학교에서 개최된 경남 도대회에 몇 년을 참석하는 기회를 가졌다. 경남 도대회에서 통영에서 6명이 참석하여 2명이 입상하여 행안부가 주관하는 전국대회에 참가 황 모 씨가 장려상을 받았다. 나는 도대회에 입상은 못 하였지만 많은 것을 배웠다.

IT강국답게 매년 실시하는 정보화 교육이 시민들에게 유익한 교육으로 자리매김하면서, 여러 어르신들은 정보화 교육으로 친분을 나누는 등 시간을 보내고 있었다. (2010)

섬의 향기

싱그러운 햇살이 눈부신 초봄에 봄나들이로 섬마을에 바지락 캐기 체험을 하기로 했다. 아파트 주민 4명이 학림 섬마을로 바지락 캐러가기로 한 것이다. 학림 섬마을은 내가 몇 년 동안 생활해 제2의 고향이나 마찬가지다. 가기 전날에 섬 마을 이장에게 전화를 하였더니 코로나 팬데믹으로 바지락 캐기 체험을 안 하는데, 소수 인원으로 체험비만 내면 된다고 하면서 오라고 한다.

고향이나 다를 바 없는 섬마을에 그냥 갈 수 없어 떡을 한 박스 해 가기로 마음먹었다. 예전에 섬 생활 시에 정답게 지냈던 어촌계장 형수에게 전화를 하여 "내일 섬에 일이 있어 가니 무슨 떡을 해 가면 좋겠냐"고 물으니 절편 떡을 해 오라고 하신다. 주말을 맞아 산양읍 달아 항 주차장에는 차량들이 만원이다. 오랜만에 만난 여객선 선장과 반갑게 인사를 나눴다. 정기 여객선을 타고 들어가니 형수께서는 리어카를 가지고 부두에 마중을 나왔다.

학림섬 바지락 체험장

오랫동안 어촌계장으로 동네의 좋은 일 궂은일을 도맡아한 형님은 작년 연말에 팔순이 넘은 나이에 세상을 떠나셨다. 어촌계장 형님은 섬마을 주민들로부터 신임을 얻어 오래도록 일하면서 어촌계에서 보유하고 있는 섬마을 자가용 선박 운영과 2013년 8월에는 적조 피해로 몸살을 앓고 있는 학림섬 앞바다에 해경 경비정을 타고 방문한 박근혜 대통령에게 현장에서 적조 피해 상황을 설명하기도 하였다.

부둣가 광장에는 주민 여러 사람이 나와 있어 반갑게 인사를 했다. 이장은 앰프방송을 통하여 떡 잡수시러 오시라고 한다. 몇 년 만에 찾은 정다운 섬 마을로 아는 사람을 만나보기로 했다. 부둣가에서 가두리 양식장에서 일을 하고 오는 경로당 A회장을 만나 반갑게 인사를 하고, 십 년 넘게 이장을 지낸 B형님을 찾아보았다. B형님은 무릎 관절이 안 좋아 부산에서 수술을 받은 지 한 달째로 집에 있었다. 또 유일하게 동네에서 식당과 연쇄점을 운영하는 C씨 가게를 찾아 마을 소식을 전해 들었다. 고령으로 작년 연말에 동네 어르신 칠팔 명이 돌아가셨다고 한다.

학림섬은 학의 날개처럼 길게 뻗은 십리 등의 바다에는 바지락 밭이 무려 4개소나 된다. '십리'라는 지명은 마을과 아주 먼 곳으로 10리나 떨어져 있어 붙여진 이름으로 바지락 밭이 넓어 동네 사람들의 몫이다. 또 마을과 가까운 곳에는 체험장 바지락 밭 2곳과 마을 주민들이 일 년에 몇 번 캐는 바지락 밭으로 주민의 소득원이 되고 있다.

특히 학림섬은 한려수도 청정 해역으로 바지락 씨알이 굵고 오염되지 않아 맛이 좋다. 바지락밭을 유지하기 위해서는 가끔 통영수협에서 제공한 종패를 살포하기도 한다.

우리는 해변가에서 김밥으로 점심을 들고는 바닷물이 빠지기를 기다렸다. 이러는 사이 친정을 찾은 여자 2명도 체험비를 내고 합류했다. 10년 전에는 바지락이 많아 한 번 호미질에 2~3마리가 나왔는데 바지락이 그때처럼 나올는지 궁금하였다.

10년이면 강산도 변한다고 하는데 그동안 종종 바지락 캐기 체험을 하고 있어 예전처럼 나오리라고는 기대는 하지 않았다.

체험장에는 몸만 가면 된다. 그곳에는 장화, 호미, 양동이 가져올 때 쓰는 비닐포대, 그물 망태 등이 준비돼 있다. 드디어 바닷물이 빠지고 바지락 캐기가 시작됐다. 이장은 바지락이 잘 나오는 곳을 가리키며 바지락을 캐면서 우리를 도와주었다. 한참을 캐니 양동이가 가득하다. 그러나 예전처럼 바지락은 나오질 않아도 한 망태 가져왔다.

한때 이곳 섬마을에서 생활할 때 통발 어구 몇 개를 부둣가에 던져 문어 등을 잡는 재미도 봤다. 물고기들을 유인하는 데는 고기 냄새가 많이 나는 고등어가 최고인 통발 안에 고등어 몇 토막 미끼를 넣어, 바다에 던져놓고 익일에 가면 문어, 낚지, 게, 활어 등이 잡혔다. 고무신도 짝이 있듯이 공교롭게도 게는 꼭 2마리가 잡혀 한 쌍인 것 같았고, 바다에서 놀 때도 꼭 2마리가 노는 것을 보았다.

한려수도 쪽빛 바다에 떠 있는 뜻한 학림섬은 해양관광 휴양과 힐링의 섬이다. 이곳은 마을에서 운영하는 게스트 하우스와 민박집이 여러 곳에 있어 주말에는 관광객들이 찾는다. 우리가 가는 이날에는 단체 관광객 수십 명이 들어와 섬을 탐방하였다.

일상을 벗어나 통통배를 타고 푸른 물살을 가르며, 갯내음 맡으며 한 섬 여행은 생활의 활력소가 되었다. (2021)

조상숭배

혈연을 바탕으로 이루어진 우리 민족은 어느 누구나 부계(父系)를 중심으로 한 자기의 성씨(姓氏)를 갖고 있으며 씨족별로 융화하며 혈통을 이어가고 있다.

조상숭배 사상은 면면히 내려오는 조상의 얼과 체취를 느끼게 하고 가정을 이루며 행복하게 살아가기를 원한다. 조상숭배가 철학적이고 윤리적인 체계를 갖추고 발전된 것은 이조 시대에 유교의 정착을 통해서이다.

사람들은 씨족별로 선산에다 조상을 모시고 성묘를 하며 시제를 봉행한다. 나의 조상 뿌리인 밀양 박씨 규정공(糾正公) 전한공파(典翰公派)는 도산면 도선리 골안 마을을 세거지로 하여 신평, 원동마을 등에서 생활하며 대를 이어오고 있다.

밀양 박씨는 신라의 시조왕인 박혁거세를 시조로 하여 모두 한 가닥에 근원을 두고 있다. 밀양 박씨 관향조(貫鄕祖)인 박언침은 시조왕 혁거세의 29세 손이며, 신라 54대 경명왕의 8대군 1왕자 중장자로 밀성대군에 봉해져 후손들이 밀양을 본관(本貫)으로 하여 세계(世系)를 이어오고 있다.

도선리 학섬 인근에 박씨 종중산에 영면하신 규정공파 파조 이신 규정공 박현(朴鉉)은 박혁거세의 45세 손이며, 고려 중엽에 문과에 급제하여 강직 청렴한 성품으로 문장이 뛰어나 벼슬이 정 3품 사헌부규정을 지냈으며 그 후 87세로 상수했다.

전한공파 종중산은 도산면 도선리 학섬 바닷가 일원에 임야 면적 약 십만 평을 보유하고 있다.

1960년대 보릿고개 시절에는 종중산을 개간해 보리와 고구마를 생산하였으나 일손 부족으로 차츰 밭작물을 포기했다. 이러한 밭에 선대 어르신들과 우리 친족들이 영면할 수 있는 공원묘지가 조성돼 이곳에 잠들고 있다.

나는 초등학교 시절부터 해마다 아버지와 친척들과 성묫길에 나섰다. 선대의 어르신들 묘소는 고향 마을 선산을 비롯해 인근의 노전 마을, 오륜동 마을 입구 가오치 마을 등에 멀리 떨어져 있었다. 차가 없던 그 시절에는 벌초할 낫을 가방에 들고 순회하면서 벌초를 하고 제를 올렸다. 마지막 도착지인 가오치 선산에서는 골안 마을에서 선박으로 음식을 가져와 점심을 먹었다. 이러기를 반복하면서 돌아오는 길에 가오치 항에서 배를 타고 건넌다.

가을 시제는 산에서 제를 올리고 나눠준 떡을 받기 위해 초등학교에 갔다 오면 바로 산소를 달려가기도 했다.

시대의 변천에 따라 성묘와 시제 문화도 바뀌어 갔다. 예전에는 성묘 시에는 산에서 점심을 들었으나, 지금은 묘소를 찾아 제를 올리고 점심은 재실에서 해결한다. 가을 시제는 이틀에 걸쳐 대종, 소종으로 하던 제례를 하루에 다하므로 오전 10시부터 오후 4시까지 많은 시간이 걸렸다. 이를 개선하고자 고민한 끝에 같은 항렬은 신위판에 신위를 같이 붙이고, 잔을 같이 올리는 등 개선한 끝에 이틀을 하루로 줄여 오전 9시부터 12시까지 제례를 끝내게 되었다.

성묘와 시제 참여도 해가 갈수록 사람이 줄어들었다. 예전에는 성묘 시에 재실에서 밥을 지었으나, 지금은 식당에서 점심을 시켜오고 많을 때는 70명이 참여하였으나, 30명 정도로 줄어들었다. 이는 젊은 사람들의 조상숭배가 점차 멀어져 가기 때문으로 시제 시에 오라고 해도 잘 오지 않는다.

편백숲이 우거진 우리 종중산은 백토의 고령토가 매장돼 무한한 잠재력을 갖고 있고, 도산만(灣)을 안고 있어 경치가 빼어나다. 통영시에서 이곳 종중산 일원에 골프장을 조성하려고 2000년부터 몇 년 동안 시도를 하였으나 종중의 반대로 무산됐다. 통영시의 구상안을 보면 국도 14호선 학섬휴게소의 옆 여의치 고개에서 진입하여 산언덕을 넘어 공원묘지가 있는 곳에 골프클럽 하우스를 짓고, 18홀 정도를 만드는 계획이었다.

산세가 남향으로 겨울에도 기온이 따뜻하고, 바다를 끼고 있어 국도변으로 접근성이 좋아 골프장으로 최상의 자리였다. 우리의 선조들이 어떻게 이런 좋은 선산을 보유할 수 있었는지 고마울 따름이다. 성묘와 시제에 해마다 참여하며 조상숭배를 이어 가리라. (2020)

빨간 동백

영하 13도의 매서운 한파 속에서도 동백꽃은 피었어라….

허공에서, 땅에서 그리고 마음에서 세 번 핀다는 동백꽃은 한겨울에 시작해 꿈같은 봄날이 다 가도록 새빨간 꽃망울을 터트린다. 붉고 통통한 동백꽃의 자태는 유혹적이다. 꽃잎 대신 꽃송이가 통째로 떨어져 '붉은 양탄자'를 이루는 동백은 색깔 만큼이나 떠나는 모습도 강렬하다.

동백꽃은 향기가 없는 대신 그 빛으로 꿀을 제공해 벌들이 꿀 딴다고 윙윙거린다. 사철 푸른 동백은 상록으로 다양하게 이용되고 꽃이 질 때 송이째 떨어지는 특징을 지니며 꽃은 차로 이용한다. 요즈음은 화장품이 많아 동백기름을 사용은 안 하지만 옛날에는 열매에서 기름을 짜서 우리의 어머니들이 머리를 치장하는데 귀한 재료로 쓰였다. 그러나 최근에 와서는 동백씨를 이용한 동백 화장품이 출시됐다.

조선 시대에는 그 기름의 생산량이 적어 주로 왕실이나 사대부 집 여인들만이 쓸 수 있었고 일반 백성들은 그 기름을 사서 쓰기가 어려웠다. 차선책으로 생강나무 등 다른 나무 열매를 활용했는데, 그래서인지 강원도에서는 생강나무를 동백나무라 부르기도 한다.

고향 산천에 잠들고 있는 부모의 산소에는 동백이 크게 자라 작은 숲을 이루어 겨울이면 새빨간 꽃망울을 터트린다. 살아생전 아버지께서 동백을 좋아하여 부모님 산소에 동백을 심었다. 아버지는 영면하신 후 마을 앞산 서지골에 안장했으나 해가 빨리 지고 잔디가 잘 살지 않아 어머니가 돌아가신 후 하루 종일 햇볕이 있는 마을 뒷재 밭 양지바른 곳에 어머니와 쌍분으로 모셨다.

그러고는 묘소에 동백나무 몇 그루와 연산홍을 심어, 지금은 크게 자라 벽방산도 가리고 부모 산소를 아름답게 장식하고 있다. 가끔 묘소 옆 밭에 가면 동백을 손질하며 산소 잡초도 뽑는다.

부모 산소에는 잔디에 섞여 심어진 띠풀이 문제였다. 잔디와 달리 넝쿨처럼 길게 자란 띠풀에 농약 제초제를 두 번이나 쳐 묘소 잔디 삼분의 일이 말라버리고 봉분에도 잔디가 없어 잡초만 자랐다. 허리까지 올라오는 잡초까지 자라 아들이 셋이나 있는데도 말이 아니었다. 벌초도 해마다 6월과 8월에 두 번이나 했어야 했다.

이러기를 몇 년이 지난 2020년에는 잡초를 제거하고 잔디를 심기로 했다. 묘소를 건드리면 집안에 탈이 난다는 속설로 조심이 되었다. 친구의 이야기는 자기 동네 한 사람은 해마다 아들을 시켜 묘소를 손을 봐도 아무런 탈이 없다고 했다.

3월 중순 경에 고성산림조합 나무 전시 판매장에 잔디를 사러 갔었다. 판매장은 잔디를 비롯해 각종 과일나무 등이 많았다. 잔디 5평을 사 정성스럽게 심고는 저녁에 걱정이 돼 형님에게 전화를 하였더니 형수께서 윤달에 심으라고 하신다. 올해 윤달은 4월 양력으로 환산하면 5월 말로 그때까지 기다리면 잔디가 없는데 하고 걱정이 됐다. 몸 컨디션도 좋지 않아 윤달에 하기로 하고 잔디 심기를 멈췄다. 심어놓은 잔디가 마를까 봐 물을 몇 번 주었다. 얼마 지난 후 윤달이 되기 전에 모두 20평을 사 심었다. 잔디는 흙을 파고 옆으로만 흙을 덮어 잔디가 덜 난 상태로 물을 통에 담아 와 주었으나 일부는 수분 부족으로 말라죽었다. 마지막 한 평이 필요하여 사러갔더니 잔디를 심어놓고 안 보일 정도로 흙을 덮으라고 하였다. 그러자 장마가 무려 50일 동안 계속돼 잔디는 잘 살았다. 지금은 잔디가 완전히 살아 원상회복되어 부모님 산소에 가도 마음이 편하다.

그러나 잔디는 잘 살았지만 잔디 속에 올라오는 잡풀이 문제로 잔디는 살고 풀만 죽는 잔디 제초제를 초기 올라올 때 쳤더니 잡초만 죽었다. 부모에 대한 사랑은 끝이 없다. 동백과 연산홍 꽃이 피는 산소를 돌보며 부모에 대한 사랑을 이어 가리라. (2020)

코로나 팬데믹

총성 없는 전쟁 코로나19 팬데믹(pandemic) '전염병이 전 세계적으로 크게 유행하는 현상'으로 전 세계가 전쟁을 치르고 있다. 2019년 말 중국 우한시에서 발생한 우한 폐렴이 세계보건기구에서 코로나19로 명명되어 각 나라로 확산되어 수많은 인명 피해를 입었다.

코로나19의 증세는 발열, 기침, 호흡 곤란으로 이를 예방하는 데는 마스크가 필수로 마스크 없이는 집밖에 못 다닐 정도다.

우리나라는 2020년 1월 말경에 중국 입국자가 코로나 확진 판정을 받았고, 대구 모 교회 신도가 단체로 중국 우한시 교회를 다녀온 후 급속도로 확산되었다. 이에 질병관리본부는 그 대책으로 1단계, 2단계, 2.5단계, 3단계 등 거리 두기 대안을 내놓고 이행에 들어갔으나 좀처럼 효과가 나타나지 않았다.

코로나19로 모든 경제활동이 멈춘 상태로 피해가 이만저만 아니다. 전염을 우려해 우선 사람이 모이지 말라는 것. 각종 친목 모임을 비롯해 5인 이상 금지와 각종 경기장 무관중 경기, 설 명절에도 고향에 갈 수 없는 처지로 안타까운 일이 아닐 수 없다. 경제활동에 제약을 받자 정부는 재난지원금을 전 국민에게 2번이나 지급하는 등 대책에 심혈을 기울였다.

2020년 8월경에는 확진자가 8명대까지 떨어졌으나 추운 겨울로 접어들자 제3차 유행으로 하루 일천 명의 확진자가 발생하는 상황까지 벌어져 국민을 긴장케 하고 있다.

코로나 대책에 대해 동남아의 베트남, 대만 등 몇몇 국가는 출입국 통제로 몇 개월째 확진자가 나오지 않았다. 우리나라도 외국인을 통제해야 한다고 전문가와 의료계에서는 주장했으나, 외국인 통제 시 그 나라에서도 우리 국민을 통제하기 때문에 그리하지 못한다는 것.

몇 년 전에 발생한 메르스는 6개월 만에 종식되었으며 확진자와 사망자가 극소수였다. 그러나 코로나19는 2년이 지나도 수그러들지 않아 지금은 하루 확진자가 칠백명대를 유지하고 있어 제4차 대유행을 예고하고 있다. 따라서 코로나19 백신이 나와 구분해서 접종하고 있다.

통영은 청정지구로 초기에는 확진자가 없었으나 2020년 말 10명으로 비교적 코로나로부터 안정된 곳으로 최근에는 수십 명에 달한다. 인근 시는 확진자가 수백 명을 넘었고 확진자가 계속 나오고 있다. 따라서 코로나로부터 안정된 통영에는 주말이면 통영을 찾는 관광객들로 시내 도로가 막히기도 했다.

신축년 새해 이튿날 죽림에서 시내를 가기 위해 이마트 옆 택시 승강장에서 택시를 탔다. 기사는 내가 탈 동안까지 40분이나 기다렸다고 하면서 손님이 없어 2020년도에는 월 백만 원도 못 가져갔으며, 12월에는 사십만 원을 가져갔다고 한다. 밤 9시가 되면 사람이 끊겨 일을 하고 싶어도 못한다고 한다.

모든 경제활동이 침체 되어 소상공인들은 영업을 포기하고 여행을 가고 싶어도 조심스럽다. 심지어 국립공원이나 지역의 산마저도 거리 두기로 산에 가는 것이 부담스럽다. 또 5명 이상 모임은 안 되나, 식당에 가면 빈자리가 없을 정도로 만원(滿員)인데 현실에 맞지 않다.

코로나로 새로운 문화가 생겼다. 자녀 결혼이나 장례시에도 인원 제한을 하고 있어 마음대로 갈 수 없는 처지로 마음만을 전하는 은행 계좌번호가 알려온다. 코로나 예방으로 백신이 나와 맞고 있으나 부작용으로 '노쇼'(no-show 오기로 한 사람이 예약이나 약속을 취소하지 않고 나타나지 않는 일)가 발생하고, 100명이 넘는 인명 피해로 인류 역사상 대재앙이다.

우리는 언제까지 팬데믹 세상에서 살아가야 하는지 일상생활이 불편하기 짝이 없고 마스크를 장기간 쓰고 다니니 이제는 쓰기가 싫다.

그러나 1년이 훨씬 지나도 수그러들지 않고 확진자와의 접촉으로 확산일로에 있어 제4차 대유행이 예고되고 있다. 전쟁이 따로 없다. 총성 없는 전쟁 코로나19가 하루빨리 종식되기를 바란다. (2021)

경로당 사랑

우리나라는 예전부터 유교의 영향을 받아 경로 효친 사상을 숭배하며 내려왔다. 그러나 대가족제도에서 핵가족시대로 변화하면서 경로사상이 약화되고 국민 소득 수준의 향상, 의학의 발달 등으로 평균 수명이 연장되어 노인 인구가 늘어나고 있다.

따라서 현대사회가 초고령화 사회로 접어들면서 중풍, 만성질환 등을 앓고 있는 노인들은 지속적인 치료가 필요하기 때문에 현실적으로 집에서 생활하기가 어려운 것이 현실이다. 어려움을 겪고 있는 가족들이 부모님을 실버타운, 요양원, 요양병원 등에 모셔 여생을 보내기도 한다.

나이 65세 이상이면 경로에 해당된다. 국가에서 경로 어르신에게는 고궁 무료입장, 목욕티켓, 교통비지원, 노인 돌봄이 서비스 등 여러 가지 복지정책을 펴고 있다. 한때 경로우대에 대한 논란도 있었다. 백세 시대를 맞아 요즈음은 젊게 살아가니까 경로를 70세로 상향 조정해야 한다고 떠들썩 한때가 있었다. UN과 미국 서유럽은 경로를 65세 이상으로 하여 복지정책을 잘 펼치고 있으며, 우리나라도 마찬가지다.

내가 사는 300세대의 아파트에 경로당을 개설해야 하는데 관리소장이 회장을 맡아달라고 했다. 아파트 경로당 구조는 남녀 방과 화장실이 각각 따로 있고 거실이 있어 어르신들 여가 선용에 적합하다.

경로당 개설 조건은 회원 10명 이상이 관계기관에 등록하면 가능한 것으로 17명으로 등록하여 2018년 9월에 통영시로부터 등록 인가증을 받았다. 인가는 났으나 경로당에 필요한 TV, 냉장고, 침구류, 창문 커튼 등을 해결해야 한다. 궁리 끝에 이를 모두 지인들의 협조로 해결했다. 경로당에는 10여 명만 경로당을 이용해 가족처럼 지냈다. 나이 많은 어르신들에게 경로당에 놀러 오라고 하였으나 잘 오질 않았다. 또 아파트 호실 각 라인 게시판에다 안내문을 써 붙여도 마찬가지다.

시에서는 운영비와 공공요금 성격인 냉난방비, 요가 등 프로그램 진행비, 쌀 등이 나왔다. 이들 금액은 카드집행을 원칙으로 한다. 반면 운영비는 식당 이용과 관광은 할 수 없다.

경로당 개장 후 이듬해 5월을 맞았다. 5월은 어린이날, 어버이날, 스승의 날, 부부의 날이 있는 가정의 달로, 8일 어버이날에는 일일 효도 관광을 가기로 하였다. 여윳돈 한 푼 없는 경로당에서 관광 간다는 것은 쉬운 일이 아니다. 차량 임차료 등 최소 필요한 일일 관광 경비는 100만 원 정도 잡아야 한다. 궁리 끝에 지인들의 협찬과 회원들의 십시일반으로 어버이날에 관광을 가기로 했다.

어르신들의 건강과 나이를 생각하여 멀리 갈 수 없는 처지로 가까운 산청 동의보감촌, 남사예담촌, 삼천포 케이블카, 사천 백천사로 정하고, 15명이 관광버스로 떠났다.

계약을 체결한 관광여행사는 평소 지역 어르신들에게 설, 추석 명절에는 목욕 봉사와 중식 제공 등 선행을 아끼지 않은 여행사로 임차료를 저렴하게 계약했다.

가는 날에는 광도 면장과 시의원이 나와 격려하시면서, "아파트 경로당에서 관광 나들이 가는 것이 쉬운 일이 아닌데 어르신들 잘 다녀오시라"고 하였다.

관광버스가 출발, 어느 정도 시간이 흐르고 차 안에서 경쾌한 음악이 나오자 모두가 통로로 나와 음악에 맞춰 춤을 추며 즐거워했다. 노는 데야 나이가 무슨 대수야. 팔십 대 어르신들도 흥겹게 춤을 추며 즐거워했다.

2020년 어버이날에도 효도 관광을 가기로 했다. 최근 지인들과 전북 진안 마이산을 다녀온 적이 있어 이곳을 여행코스로 잡았다. 마이산은 은수사, 탑사 등의 사찰과 인삼 튀김 등의 먹거리와 말의 귀처럼 생긴 암마이산, 북 마이산이 절경으로 북부 주차장에서 탑사까지 전동열차가 운행되고 있어 어르신들의 일일 관광으로 괜찮은 여행지다.

하지만 일 년 넘게 지속되어 좀처럼 사그라들지 않는 코로나 팬데믹(pandemic)으로 관광을 포기했어야만 했다.

경로당 운영과정에서 공공요금 성격의 전기요금과 냉난방비는 가스사용료 외 다른 용도로는 집행을 할 수 없어 2019년 2020년 연말에 각각 100만 원 정도가 남았다. 이를 두고 관리소장과 회원이 암시를 해 나는 “그렇게 하면 안 된다”고 거절하면서 남은 돈 모두를 반납했다.

인구 삼만천 명의 광도면에는 마을, 아파트 등에 50여 개소의 경로당이 있으나 유일하게 연말에 집행하고 남은 예산을 반납한 곳이 우리 경로당으로 일부 회원은 나를 ‘바보’라고 하였다. 웃으면서 앞으로 나를 ‘바보’라고 부르라고 했다. 어르신들 경로당에서 여가를 즐기면서 건강하기를 바란다. (2021)

자연인처럼

TV에서 '나는 자연인이다' 하는 모 방송사의 프로가 인기다. 첩첩 산중에서 홀로 생활하는 것은 쉽지 않은 일로 약초와 유기농 채소를 채취해 먹으며 외로움을 이겨내는 초자연적인 생활이 매혹적이다. 심지어 여성까지도 몇몇이 자연인으로 생활하는 것을 볼 수 있었다.

이 프로그램에 출연한 자연인들은 험난한 산악 너머의 오지에 머무르는 경우가 많다. 이들이 생활하는 집은 사람들이 떠난 빈집을 매입하거나 빌려서 수리해서 사는 경우가 많고 나름대로 기술 및 경험이 있는 사람들은 직접 나무와 흙, 돌을 활용해 황토집 등 스스로 집을 짓는 경우도 있다.

음식은 대부분 자급자족한다. 텃밭에서 채소를 가꾸어서 직접 김치를 담그고 장아찌, 고추장, 된장 등 기본적인 부식들은 홀로 해결하는 분위기이다. 때로는 산에서 직접 약초나 과실을 채취해서 먹기도 한다.

단백질 섭취는 닭이나 토끼를 키우는 자연인들도 있지만 생선에 의존하는 경우가 가장 많은데 근처에 강, 개울이 있거나 섬에 사는 자연인들은 직접 잡고 연못을 만들어 미꾸라지나 민물고기를 방생시킨 후 몇 개월 이상 지나 충분히 번식이 되면 그걸 잡아먹는 자연인도 있었다.

자연인의 하루 일은 텃밭을 가꾸거나 산에 올라가서 약초 및 땔감 등을 찾아 헤맨다거나, 계곡에서 냉수마찰을 하거나 음식을 만드는 등의 일들이 주가 된다. 밤에는 홀로 명상을 한다든지 글을 쓴다든지 악기를 연주하는 등의 소박한 일상을 보내는 경우가 많다.

그들이 산에 오게 된 사연도 다양하다. 그저 산이 좋아서, 자신의 질병 치유를 위해 들어왔다는 사람, 친환경적인 삶에 매료되어 그대로 머물렀다는 사람, 아내 혹은 어머니의 건강을 위해 들어왔다가 아예 자리 잡았다는 사람 등이다. 이들 중 질병 치유에 유난히 관심이 쏠렸다.

어느 여성은 병원에서 간호사로 일했는데 40대 초반에 암이 발생하여 산에 들어와 생활하니 건강이 회복됐다고 했다.

또 20대 후반에 병원에서 폐암 말기 2년 시한부 선고를 받고 산에 들어왔다는 A씨는 해발 900m에서 생활하고 있었다. 그는 연 매출 100억이라는 오너로 아내와 8살 된 아들과 남부럽지 않은 생활을 하고 있었다. 잦은 감기로 동네 병원에 갔더니 큰 병원으로 가라해서 큰 병원에서 암 말기 선고를 받았다고 한다.

병원에 같이 간 아내는 대성통곡했단다. 아들과 주위 사람들에게는 알리지 않고 하던 사업을 접고 산에 들어왔다는 것. 일상생활은 외롭고 힘들지만 반복되는 산중생활로 자기 몸이 치유되고 있다는 걸 알았단다.

병원에 가야 하지만 병원에서 또 어떤 진단을 내릴까 두려워 12년째 가지 않았다고 했다. 그는 얼굴 몸 상태가 건강한 사람으로 보였으며, 20년째 산중생활을 하고 있다고 한다. 이처럼 건강하게 된 것은 울창한 숲에서 뿜어져 나오는 피톤치드 향과 오염되지 않은 맑은 공기, 맑은 물 등이 원인이 아닌가 생각된다. 그러나 그 사람은 어딘가 모르게 용기를 잃은 사람처럼 보였다.

첩첩산중 엄동설한에도 돌을 들어내고 민물고기를 잡아 반찬을 하고, 방송 진행자와 얼음이 얼어 있는 계곡에 옷을 홀랑 벗고 들어가는 것은 평소 겨울에도 자주 차가운 물에 들어간 것으로 추측된다. 첩첩 산골은 고산지대로 겨울에는 매우 춥다. 높은 산은 영하로 기온이 떨어지는 것이 보통으로, 따라서 자연인이 생활하는 그곳은 매우 춥다고 한다.

우리 주변에서 삼삼오오 짝을 지어 매일 산에 오르는 사람들을 볼 수 있다. 이는 건강하고도 직결된다. 나의 지인도 3년째 암 투병 중으로 아파트에서 생활하다 농촌으로 거처를 옮겨 병마와 싸우고 있으며, 가끔 만나서 친구들과 어울려 점심을 같이하는데, 호전되는 것 같다.

요즈음은 백세 시대로 최소 팔순까지는 기본으로 생각하고 자기 나름대로 건강관리에 여념이 없다. 나는 산을 좋아해 산을 자주 오르는 편이다. 산사(山寺) 주변을 지나칠 때는 산사의 불경(佛經) 음악이 더욱 구슬프게 들렸다.

또 예전에 아내와 함께 갔던 먼 곳의 지리산 대원사와 내원사를 가끔 찾는다. 삼장면 유평리의 완만한 계곡과 아름드리 소나무가 울창한 숲길의 대원사가 그립다.

깊은 계곡과 숲은 선경으로 고즈넉한 대원사는 비구니 승려의 도량으로. 속세와 번뇌를 벗어나 오직 불심으로 그들은 생활하고 있다.

자연인은 울창한 숲에 여름엔 녹음이 우거져 맑은 물이 흐르는 계곡에서, 가을에는 단풍, 겨울엔 눈 쌓인 산을 산책하며 생활하는 일상이 대견스럽다.

세속을 떠나 매일 연속되는 생활로 인고의 세월을 보내는 자연인 그들은 희망을 가지며 깊은 산중에서 그렇게 살아가고 있었다.

(2020)

함께 가야 할 사람

농촌에서 태어나 6남매로 자란 그녀는 초등학교를 다니면서 부모의 농사일을 도왔다. 초등학교 학업 성적은 상위 그룹에 속하나 졸업을 앞두고는 가정 형편상 상급학교 진학을 포기했어야만 했다. 이 소식을 전해들은 6학년 담임선생이 가정을 방문, 상급학교 진학을 이야기 하였으나 뜻을 이루지 못하였다.

성인이 된 그녀는 나와 부부의 연을 맺고 백년해로를 약속했다. 신부집에서 전통혼례로 결혼식을 올리고 시집오는 날에는 우리집 앞에 있는 우물에 물 길으러 온 동네 아줌마들이 어떤 새색시가 오는가 하고 우르르 몰려온 기억이 생각난다.

아들딸 먼 곳에 공부시켜 사회에 진출시킨 후, 사위와 며느리도 보고 손녀, 외손자 사랑까지 받으며 국내외 여행도 다니면서 남부럽지 않는 생활을 해왔다.

이러한 생활에는 건강이 뒷받침이 되어야 한다. “건강은 건강할 때 지키고, 모질병은 피해가라"는 말이 있듯이 평소 건강관리가 중요하다.

아내는 귀가 순해진다는 이순(耳順)의 초반에 2년마다 하는 건강검진을 통영 모 병원에서 받았다. X레이 사진에 혹 같은 것이 발견됐다. 원장 선생은 암이라고 하면서 큰 병원을 가라고 하며 수술이 될지 모르겠다고 하였다. 청천벽력 같은 일이었다.

서울의 큰 병원 몇 개소를 인터넷 검색결과 해당과의 의료진이 나아 보이는 A병원으로 가기로 했다. 입원 후 모든 검사를 거쳐 1주일 만에 수술에 들어갔다. 수술하는 날 수술실에 들어갈 때 아내의 병을 못 지켜주어 눈물이 났다. 7시간 만에 수술이 끝나고 회복실을 거쳐 1인실 병실로 왔다.

이튿날에는 농촌에 있는 형님에게 전화를 하였으나 감정이 복받쳐 말을 하지 못하고 끊었다.

아내가 입원한 병원은 서관, 동관, 신관이 있는 병원으로 지은 지가 얼마 되지 않아 모든 시설이 호텔급이었고, 복도에서 쳐다보면 끝이 안보 일 정도로 큰 병원으로, 의료진과 의료시설이 A급이다. 하루 드나드는 환자와 그 가족이 만 명이란다. 지하에는 식당, 마트, 옷가게 등이 백화점처럼 병원에 들어오면 이곳에서 모든 게 해결하도록 시설이 좋았다.

수술하고 1주일 만에 퇴원하고는 항암 주사를 6차례 맞았으나 방사선치료는 하지 않아도 된다고 했다. 그러고는 2개월마다 병원에 올라가 수술 부위 CT촬영과 채혈을 하고는 다시 1주일 후에 올라가 담당 교수로부터 진료를 받고 약은 매일 복용했다. 병원 갔다 오면 몸이 허약해 통영 A병원에 이삼일 입원을 하였다. 또 진료시간이 오전에 잡히면 심야버스를 타고 올라가 병원 휴게실에서 날이 밝기를 기다렸다.

이러기를 몇 년 지나는 동안 병이 약에 대한 면역이 생겨 수술 부위에 또 혹이 생겼다. 담당 교수는 다른 약을 써 보자고 하였다. 이것도 약이 맞는지 안 맞는지 임상실험을 한 다음 맞아야 한다. 임상실험 결과 약을 바꾸기로 하였다.

새로운 약은 스웨덴산 타그리소정으로 건강보험 비급여로 한 달 약값이 천사십만 원으로 약값이 만만찮다. 국민권익위원회와 보건복지부에 진정을 하였더니 1년여 만에 급여로 적용되었다.

몇 개월 복용하니 수술 부위 혹이 사라지고 건강상태가 호전되어 외국 여행도 다녀왔다. 아내는 지인의 소개로 상급학교 공부를 한다고 하길래, 나는 "건강이 제일인데 공부를 하지 말라"고 했다. 학교에 입학하고는 매일 공부한다고 방에 있었다. 야간 학교인 충무고등공민학교에서는 20여 명의 만학도가 수업을 받았다. 아내는 중등반, 고등반을 공부해 1년 만에 창원에서 치른 중등학교 졸업 학력 검정고시와 고등학교 졸업 학력 검정고시에 모두 합격했다. 고졸 검정고시에서 사회 96점, 한국사 80점, 영어, 국어, 수학, 과학 등 6과목에 평균점수 70.42를 받았다.

이러는 동안 또 암은 치명적인 곳으로 전이되어 서울 병원에서 또 수술을 하고 10일 여를 입원했었다. 2차 재발은 걸음을 제대로 걷지 못하고 병원에 가는 날은 휠체어에 의존해, 휠체어를 버스에 싣고 다녀야만 했다. 때로는 병원 가는 날에 태풍을 만나 곤욕을 치

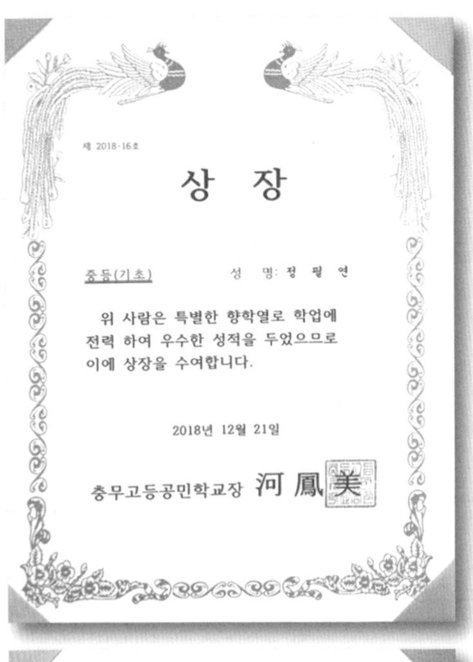

제 2018-16호

상 장

중등(기초)　　　성 명: 정 필 연

위 사람은 특별한 향학열로 학업에 전력 하여 우수한 성적을 두었으므로 이에 상장을 수여합니다.

2018년 12월 21일

충무고등공민학교장 河鳳美

제 2019-1-3-S10-00195 호

고등학교 졸업학력 검정고시 합격증서

성 명 : 정필연

주민등록번호(생년월일) : 540415-

위 사람은 2019년 05월 09일 고등학교 졸업학력 검정고시에 합격하였음을 증명함.

2019년 5월 9일

경상남도검정고시위원회위원장

렸다. 이때도 항암 주사를 맞았으나 몸이 허약해 어떤 때는 혈소판 수치가 정상 이하로 떨어져 주사를 맞지 못하고 빈 걸음으로 돌아왔다.

끝내 주사도 안 듣고 약도 소용없었다. 학교 검정고시 합격증을 연말에 시 교육청 소강당에서 수여식이 있었으나 참석하지 못하고 졸업장과 상장을 학생 편으로 보내와 아쉬움을 더했다. 마지막에 진주 K대학 병원에서 1주일을 입원하고 진주 요양병원에서 이틀 밤을 지냈다. 이곳에서는 간병인만 환자와 잠을 잘 수 있어 집에서 자고 올라가 누워 있는 아내 볼을 비볐다.

아내는 내가 보이지 않자 "이제는 나를 버리는구나 하면서 울었다"고 하는 말이 마음에 걸리고 마음 아팠다. 계속 요양병원에 둘 수 없어 통영 B병원으로 입원시켰다. B병원에 입원해 있을 때 소식을 듣고 학교 교장 선생님이 찾아와 눈시울을 적셨고 초등학교 친구들, 친정 가족들이 찾아와 애통해했다.

또 서울에 있는 아들과 며느리, 구미에서 직장생활을 하고 있는 큰아들은 주말에 수시로 내려오고 시내에 살고 있는 딸과 사위는 나와 교대하면서 병간호를 하였으나 아내는 병 발생 7년 만에 이승을 떠났다.

나는 아내에 대한 병간호를 후회하지 않을 것이라고 처음부터 서울 큰 병원에 입원시켜 진료에 최선을 다하였으나 그래도 아쉬움이 남는다. "함께할 때 잘하라"는 말이 있듯이 하늘나라로 떠난 지 1년이 지나서도 아내 잃은 허전한 마음은 지금도 애절하다. 아내는 내 고향 마을 편백숲이 울창한 밀양 박씨 문중 공원묘지에 고이 잠들고 있다. 아내를 그리워하며 촌에 논밭에 가는 길에 종종 묘소를 찾아 놀다 오기도 한다. 함께 가야 할 사람 영원토록 사랑하리라. (2020)

미스터 트롯과 미스 트롯

오천만 국민의 가슴에 둥지를 틀 대한민국 최고의 트롯맨은 누가 될 것인가? TV조선에서 야심 차게 기획한 오디션 프로 「미스터 트롯」과 「미스 트롯」이 신선한 감동을 주고 있다.

TV조선에서 방송된 트로트 서바이벌 오디션 프로그램 「미스 트롯」이 시청자로부터 좋은 반응을 일으키자 「미스 트롯」의 후속으로 「미스터 트롯」을 기획했다.

국민들로부터 사랑받는 트로트 서바이벌 「내일은 미스터 트롯」이 최고 시청률을 기록하며 TOP7의 탄생이다. TOP7은 임영웅, 영탁, 이찬원 등으로 요즈음 가요계는 이들 TOP7이 대세다.

신선한 이미지와 팬들로부터 사랑을 받은 이들은 CF에 출연하는 등 인기 절정을 달리고 있다. 심지어 TOP7이 불과 1년 전에 겪었던 오디션 출연자에서 「미스 트롯2」에서 마스터로 변신해 시청자들의 시선을 끌었다.

또 TOP7에 들지 못한 레인보우 팀 중 일부는 타 방송사의 예능 프로에 출연하는 등 미스터 트롯 연예인 활동에 초석이 되고 있다.

이러한 「내일은 미스터 트롯」 TV 프로그램의 인기에 힘입어 2020년 7월에 서울의 KSPO 돔에서 진행하는 콘서트를 시작으로 「미스터 트롯 대국민 감사 콘서트」를 전국 순회공연으로 팬들의 성원에 보답했다.

미스터 트롯이 성공을 거두자 TV조선은 2020년 12월부터 3개월 동안 미스 트롯2를 제작 방송해 높은 시청률을 보였고, 미스 트롯 출연진보다 다재다능하다는 평이다.

지난해 12월은 코로나 감염이 폭증하던 시기로 가급 적 외출을 자제한 국민들에게는 미스 트롯2가 위안이 됐다는 소식이다. 미스 트롯2 최종 결선에서 TOP7은 진에 제주 출신 양지은, 선 홍지윤, 선 김다현 등의 순으로 차지했다.

미스 트롯2의 신데렐라는 단연 진을 차지한 양지은이다. 양지은은 준결승전 진출에 좌절되자 고향 제주도로 내려갔다. 그러나 뜻밖에도 준결승 진출자 중 한 사람이 과거 중학교 시절 학폭에 휘말려 중도 하차하자, 마스터 회의 결과 양지은을 합류시켰다.

양지은은 준결승전 녹화 20시간을 앞두고 연락을 받고 제주도에서 급거 상경했다. 그는 남편에게 전화를 걸어 참가 여부를 의논한 결과 남편이 "출연 안 해 후회하면 어떻게 하겠느냐"고 한다면서 용기를 얻어 참가했다. 불과 녹화시간을 얼마 남겨 놓지 않고 합류해 쉬운 일이 아니었다. 준결승에서 결승전에 진출, 시청자들의 팬 투표에 1위로 등극, 미스 트롯 진을 차지하는 영광을 안았다.

TV조선의 미스 트롯과 미스터 트롯 오디션은 출연자들에게는 힘든 경쟁이다. 오디션은 생음악의 예심을 거쳐 몇 차례 심사를 통과해야 결승전에 오르는 치열한 경쟁으로 진을 차지할 수 있다.

참가자의 면면은 화려한 연예인 모습보다는 굴곡진 삶을 살아왔던 출연자가 압도적이다. 미스터 트롯과 미스 트롯으로 인생역전 스타가 많이 탄생했지만 큰 안티 없이 팬들의 지지를 받는 것도 그 고단했던 삶에 우리 자신의 삶을 투영했기 때문이다.

미스 트롯에서 상위 입상자 중 한 사람이 좁은 골목길에서 사람 서너 명 앞에서 열창하는 영상이 당시 그녀의 현주소를 말해주고 있었다.

미스터 트롯과 미스 트롯2에서 상위 그룹에 오른 하동 출신 정동원 군과 김다현 양은 자기 이름을 붙인 사랑의 길이 생겼다. 하동군에서는 정동원 군 집을 찾는 관광객이 늘어나자 하동 알프스와 문화관광을 알리기 위해 정동원 길과 김다현 길을 명명했다.

정동원 길은 진교면 백련리 백련마을에서 3.3㎞ 떨어진 백련리 금오산 자락에 있는 정동원군 본가를 중심으로 메타세쿼이아 길을 따라 옛 남해고속도로 백련마을 회전교차로~금남면 하삼천 회전교차로 7㎞ 구간이다.

금오산 자락 2차선 도로변에 금오산의 수려한 산세의 푸른 숲과 집 앞뜰에는 아름다운 꽃들이 어울려 한 폭의 수채화로 연일 관광객이 북적인다. 지인들과 정동원 길을 탐방하는 기회를 가졌다. 3층 건물의 1층은 커피숍으로 관광객들로 발 디딜 틈이 없었다.

지리산 하동 청학동에 MBN 보이스 트롯에서 당당히 선을, 미스 트롯2에서 미를 차지한 청학동 국악 소녀 김다현(초등생)의 길은 청학동 도인촌 입구~회남재 정상 팔각정 8㎞ 구간으로 고산지대로 울창한 숲 등으로 경치가 빼어나다.

김다현 길은 청학동 삼성궁으로 가는 길목으로 정동원 길과 더불어 알프스 하동을 알리고 하동군의 관광 활성화에 이바지할 것으로 기대된다.

한편 미스터 트롯과 미스 트롯에서 상위 그룹에 오른 참가자들은 방송 출연, CF촬영 등 인생역전을 노린 스타로 앞으로 방송 활동이 기대된다. (2021)

산양읍 당포항에서 한산해전 출정식을 마치고 해전 재현을 위해
한산 앞바다로 향진하는 거북선과 조선수군 (2014. 8.)

3

대청봉에서 천왕봉까지

- 경남인의 기상 여기서 발원되다
- 세석평전에서 천왕봉까지
- 설악산 대청봉과 봉정암
- 노고단과 피아골
- 로터리 대피소와 칠선계곡
- 화개장터와 불일폭포
- 통영산악회 창립 50주년

경남인의 기상 여기서 발원되다

1982년 6월에 지리산에는 등산대회와 천왕봉 정상에 표석비 제막이 있었다. 등산대회는 경남도지사가 참석한, 천왕봉 정상에 표석비 제막을 위해 각 시군에서 공무원과 단위 산악인 등 200여 명이 1박 2일로 지리산 순두류에 모였다. 충무시청과 통영군청에서는 각각 공무원 10여 명이 참가했다.

행사는 산청군 시천면 중산리 순두류 야영장에 텐트를 설치하고 야영을 하고는 익일에는 천왕봉에 올라 표석비를 제막하기로 한 것. 저녁에는 시군 장기자랑과 캠프파이어가 열려 참가자들은 밤이 새도록 야영을 즐겼다. 시군 장기자랑의 진행 사회는 통영산악회 소속인 S씨(당시 40대)가 맡아 한 시간 넘게 진행했다.

지리산 천왕봉 정상에는 기존의 까만 오석(烏石)으로 된 표지석을 제거하고, 헬기로 공수되어 온 새로운 1m 20cm 정도 크기의 자연석으로 된 표지석을 제막하는 행사다.

순두류에서 야영을 한 참가자들은 천왕봉을 향해 발걸음을 옮겼다. 난생처음 지리산 등산으로 가슴이 설렜다. 순두류에서 천왕봉까지는 약 5km로 힘든 산행이다. 구슬땀 흘리며 산 중턱에 있는 로터리 대피소와 법계사를 지나 통천문을 거쳐 천왕봉에 올랐다. 산정상에는 관선 A도지사가 붉은색 계통의 도포를 정갈하게 차려 입고 표지석 제막이 진행되었다.

표지석 앞에는 '천왕봉 해발 1,915m' 뒷면에는 '慶南人(경남인)의 氣像(기상) 여기서 發源(발원)되다.'로 새겨졌는데 이 문자가 전국에서 모여든 등산객들로 하여금 그대로 보존될 리가 없었다.

어느 누군가 '경남'이란 두 글자를 정으로 쪼아 버렸다. 전국 산악인들이 모여드는 산에 '경남'이란 글이 마음에 거슬린 모양이다. 한참을 지난 후에 천왕봉에 올랐더니 "韓國人(한국인)의 氣像(기상) 여기서 發源(발원)되다"로 정정되었다.

수도권과 충청도 등 전국의 산악인들이 모여드는 지리산이 왜 경남인만의 산이냐는 등등 무수한 말이 나돌았고, 가을로 접어들기 시작할 무렵 정으로 쪼았다는 이야기가 들렸다. 결국은 '韓國(한국)'으로 고쳤다.

지리산은 금강산, 한라산과 더불어 삼신산의 하나로 알려져 왔으며, 신라 5악 중 남악으로 '어리석은 사람이 머물면 지혜로운 사람으로 달라진다.' 해서 '지리산'이라 불리어 왔다. 지리산은 백두산의 맥이 반도를 타고 내려와 이곳까지 이어졌다는 뜻에서 두류산이라고 불리기도 한다.

지리산은 뱀사골계곡, 대원사계곡, 거림계곡 등 아름답고 때묻지 않은 계곡이 있어 여름철에는 피서 인파로 절정을 이룬다. 지리산 종주 등산코스는 성삼재에서 노고단, 반야봉, 세석산장, 장터목산장, 천왕봉, 중산리로 하산하는 1박 2일 코스로 거리가 멀다. 등산로에는 수많은 오르막과 내리막, 평지와 돌길, 그리고 변화무쌍한 날씨까지 숨었다 나타나기를 반복해 주의를 요한다.

그래서 누군가 지리산 종주는 힘든 산행으로 마치 인생의 굴곡과 그를 헤쳐 나가는 꾸준한 노력과도 같다고 했다.

최근 산업화와 기계화에 따른 사회 환경의 변화로 인간은 자연을 더욱 동경하게 되었으며, 일상적인 생활에서 벗어나 새로운 시각과 마음가짐을 가져볼 수 있게 하는 등산은 점차 현대인에게 없어서는 안 될 중요한 몫을 차지하게 되었다.

광활한 지리산은 평생을 올라도 등산코스를 다 못 오른다고 한다. 나는 지리산 천왕봉에 16번을 올랐지만 세석 대피소에서 연화천 대피소 구간을 산행하지 못해 아쉬움이 남는다. 민족의 영산 지리산이여 영원하라. (1982)

세석평전에서 천왕봉까지

신록이 짙어가는 6월 초에 지리산 거림계곡에서는 진주산악회가 주최하는 철쭉제가 열렸다. 철쭉제는 진주산악회에서 매년 개최하는 행사로 통영산악회의 미륵산 산신제와 교류 차원에서 참여하기로 하였다.

통영산악회 남녀 회원 20명(남 14명, 여 6명)은 1박 2일로 거림에서 세석평전, 촛대봉, 장터목 대피소, 천왕봉, 로터리 대피소를 거쳐 중산리까지 종주하는 산행을 하기로 하고, 거림 철쭉제에 참가하였다.

철쭉제는 경남지역 산악회와 진주단위 산악회 회원 등 많은 산악동호인이 모였다. 행사는 미스 철쭉 선발, 산악인 추모행사 등 철쭉제 행사가 마련되어 있었다. 우리는 산우들과 이야기를 나누고는 오후 5시가 넘어서 세석평전을 향해 출발하였다.

거림에서 흐르는 계곡물을 따라 한 시간을 걸어도 계곡이 이어진다. 계곡이 얼마나 길게 이어졌는가 추측이 된다. 계곡을 뒤로하고

세석평전에서 장터목대피소로 가는 중간 지점에서 아내와 함께

가파른 산길로 접어들었다. 거림에서 세석평전까지는 6km로 2시간 30분에서 3시간이 소요된다. 험한 산길을 따라 아내와 함께 걷고 또 걷는다. 어느새 해는 서산에 기울고 어둠이 깔리기 시작한다. 희미하게 보이는 산길을 따라 가벼운 손전등을 켜고 한참을 올라가니 세석평전이다.

해발 1,678m 고도에 있는 세석평전은 남한에서 가장 높은 고위 평탄면이다. 이곳은 철쭉 군락지로 6월 초가 되어야 철쭉이 완전히 핀다. 진달래 사이사이로 단정한 모습의 구상나무는 이 지역의 생태 복원을 위해 이식한 것으로 자라고 있다.

야영이 허락되던 1990년대 중반경에는 등산객과 야영객들의 무분별한 훼손 등으로 세석평전이 황폐화되기도 했다. 그 후 국립공원에서의 야영이 금지되고 산악인들의 자제와 공단 측의 적극적인 복원

사업으로 현재의 모습에 이르렀다. 세석평전에는 세석천 약수터가 있어 등산객들의 식수로 이용되고 물이 흐른다.

세석평전에는 안개가 자욱하고 비상용 헬기와 대피소도 보인다. 시간이 얼마나 지났을까? 지친 몸 이끌며 힘들게 밤길을 걸어 밤 9시에 도착하였다. 일찍 온 산우들은 세석평전 야영장에 여기저기 텐트를 설치하였다.

우리는 텐트 5개를 설치하고 코펠에 밥을 짓고는 가져온 음식들을 나눠 먹으며, 세석평전에 왔다는 보람을 느꼈다. 고산이라 밤이 되니 기온이 내려가 춥다. 제법 시간이 흘렀다. 갈증이 나 샘물이 흐르는 아래쪽으로 내려가 물을 마시고 올라오니, 똑같은 텐트라 우리 숙소가 어딘지 찾는데 애를 먹었다. 2인용 텐트에 세 사람이 잤으니 잠자리가 불편하다.

뜬눈으로 밤을 새우고는 아침에 찬물에 머리를 감으니 기분이 상쾌하다. 해가 뜨는 아침 구절초와 야생화가 만발한 생태습지는 자연이 주는 선물이다. 세석대피소는 세석평전이라 할 만큼 주변이 구릉지이고 화전농을 했던 곳으로 넓은 면적을 가진 철쭉 군락이 장관이다.

오전 8시경 천왕봉을 향해 발걸음을 옮긴다. 밤새 이슬을 맞은 텐트는 무게가 더 나가 배낭을 짊어지니 한 짐이다. 만사가 귀찮다. 무게를 줄이기 위해 불필요한 물건은 쓰레기장에 버려야 했다. 세석평전 위 촛대봉을 지나니 운무가 깔려 지리산의 산세가 절경이다. 남쪽으로 끝없이 펼쳐진 산들, 서쪽으로 아른거리는 반야봉과 노고단이 그립고 그립다. 아내와 운무를 배경으로 기념 촬영을 하고는 한참을 걸었다. 힘든 산행으로 2시간여 만에 장터목 대피소에 도착

「세석 대피소」

했다.

장터목 대피소는 천왕봉 가는 길목으로 이곳에서 중산리로 하산하는 길, 함양 백무동코스로 가는 길이 있다.

해마다 주봉인 천왕봉과 가까워 새해 일출을 보기 위해 등산인들의 숙소로 가장 많이 이용되기도 하며 식수 사정이 여의치 않아 겨울엔 물을 뜨기 위해 200m 아래까지 가파른 길을 내려가야 할 때도 있다.

주말에는 예약을 해야 하며 최대 수용 인원은 150여 명으로 침실과 취사장이 같은 건물 내에 있다.

수십 년 전 부산에서 20대 여성 2명이 겨울에 천왕봉에 등산 왔다가 갑자기 내린 폭설로 천왕봉에서 장터목 대피소 쪽으로 하산 도중 이곳 대피소에 들렀으나 사람들이 많아 허사였다. 이들 여인은 산장에 들어가지 못하고 중산리로 내려오다 계곡에서 눈이 쌓여 길을 헤매다 칼바위 부근 화장실에서 저체온증으로 두 여인이 사망했다는 이야기가 유명하다. 차라리 장터목 대피소에 비비고 들어갔으면 살아났을 것이라는 이야기가 그 당시 전해졌다.

우리 일행들은 장터목 대피소에서 중식을 들고 천왕봉으로 향했다. 장터목에서 천왕봉까지는 40분 거리로 대체로 평탄하다. 그토록 바라던 천왕봉에 올랐다. 지리의 광활한 산이다. 법계사와 로터리 대피소를 뒤로하고 중산리로 내려와 1박 2일의 산행을 즐겼다. 아내와 같이 함께한 산행, 인내를 체험하고 고통을 참으며 보람을 느꼈다. (1995)

설악산 대청봉과 봉정암

아침저녁으로 제법 서늘한 바람이 불어오니 가을이 다가온 느낌이다. 소슬한 바람을 따라 일상을 탈출 아주 먼 곳으로 단풍 여행을 떠나고 싶은 마음이다. 산새 소리, 계곡에 물 흐르는 소리, 대자연이 숨 쉬는 한적한 곳으로.

10월의 단풍은 설악산 대청봉에서 시작된다. 설악산에서 물들기 시작한 단풍은 남으로 남하하면서 산을 형형색색으로 물들인다. 이러한 단풍의 향기에 빠지고 싶어 가을에는 산을 찾는 사람들이 많다.

추석 연휴에 친구 부부와 함께 셋이서 설악산 대청봉, 봉정암, 오세암, 백담사로 2박 3일 등산을 하기로 했다.

추석날 정오쯤에 통영을 출발 중앙고속도로를 따라 설악산으로 향했다. 설악산 한계령 오색지구를 향해 인제에 도착하니 저녁 시간이다. 주유소에서 잠시 멈추고 주유원에게 알아보니 오늘 하루 종일 승용차가 한계령 오색으로 들어가 아마 민박집이 없을 것이라고 한다? 나는 주유소에서 국립공원 오색사무소에 전화해 민박집 전화번호를 알아 오색민박집에 방 하나를 예약했다.

여기서 오색까지는 2시간 정도로 밤 9시가 되어서야 도착할 것 같다. 원통을 지나 설악산에 들어서니 일년 전 집중호우로 초토화된 한계령 도로가 추석을 전후해 관광객을 맞이하기 위해 며칠 전 도로가 완공됐다고 한다. 칠흑같이 어두운 밤 굽이굽이 한계령을 넘어 오색마을에 도착했다. 깊은 산속에 또닥또닥 붙어 있는 허름한 민박촌은 숲속에 묻혀 자연이 살아 숨 쉬는 듯했다.

민박집에 들렀더니 우리가 제일 늦게 온 것 같다. 짐을 풀어놓고 식당에서 저녁을 먹고는 민박집에 와서 친구 내외는 아랫목에 나는 위쪽에 잠자리를 잡았다. 이런저런 이야기를 하다가 잠을 청하니 잠이 잘 오지를 않는다. 거실로 나오니 고산지대라 제법 싸늘한 기온이다. 거실에는 칠순이 넘어 보이는 할아버지가 민박 손님에게 방을 내주고 거실 한쪽에서 주무신다. 나도 거실에서 잠을 청했다.

어느새 밤은 새벽녘이다. 새벽 6시경 친구 내외와 오색 국립공원 매표소 입구 식당에 도착했다. 식당에는 먼저 온 10여 명의 등산객들과 아침밥을 들고 점심용으로 주먹밥 몇 개를 사 배낭에 넣고는 산에 올랐다.

오색에서 대청봉까지는 5km의 급경사로 쉽지 않은 등산코스로, 3시간 반에서 5시간 정도 걸린다. 매표소 입구에는 수많은 등산객들이 와 있다. 날이 희미하게 밝으면서 등산이 시작되었다. 친구 부인은 조금 올라가더니 올라갈 생각을 않고 먼저 올라가란다. 산행 초입부터 저러면 어쩌지… 오늘 계획은 해가 지기 전 대청봉, 중청봉, 봉정암, 오세암, 백담사를 거쳐 용대리로 내려오기로 했는데 걱정이다. 친구에게 대청봉에서 기다리겠다고 하고 먼저 출발했다.

설악산은 가을로 접어들어 울긋불긋 단풍이 절정이다. 나는 3시간 반 만에 정상에 올랐다. 처음 올라온 대청봉은 동해 바다와 내설악이 선경으로, 날아갈 듯한 기분이다. 1시간 반을 기다리고 있으니 친구 내외가 올라왔다. 대청봉 표지석 배경으로 사진 찍는데 10분을 기다려야 했다. 대청봉은 추석 연휴를 맞아 오색, 한계령, 설악동, 봉정암에서 올라온 등산객들로 북새통이다. 우리는 정상에서 점심을 먹고 낮 12시경에 하산을 시작했다.

이제 백담사 방향 용대리로 내려가야 한다. 중청봉, 소청봉, 봉정암, 백담사를 거쳐 용대리까지는 13km로 오늘 해가 떨어지기 전에 도착해야 한다. 웬걸 이번에는 친구가 다리 통증으로 왼쪽 다리를 절고 있다. 야! 높은 산 대청봉에서 무슨 이런 일이, 친구 내외가 안타까웠다. 봉정암에 도착하니 오후 2시경이다. 봉정암은 전국에서 모여든 불자들로 인산인해다. 4천여 명이 왔단다. 여신도는 대낮인데도 방에 누워 잠자리 뺏길까 꼼짝도 않는다. 남자들은 마당이나 처마 밑에서 잠을 자야 할 처지다.

봉정암에서는 3천 명 분의 팥죽으로 저녁을 한다고 한다. 봉정암을 뒤로하고 오세암을 가는 길목에는 붉게 물든 단풍이 아름답다. 백담사 가는 길이 멀기만 하다. 내 마음 같으면 펄펄 뛰어서 내려가겠지만 친구 내외가 거북이걸음이다.

오세암에 도착하니 오후 6시로 해가 서산에 기울고 어둠이 깔린다. 오세암은 허름한 암자로 봉정암에 비할 바가 못 된다. 오세암 마당에는 저녁 공양을 타기 위해 30여 명이 줄을 서 있다. 반찬 냄새가 코를 진동한다. 마음 같아서는 오세암에서 저녁 공양을 하고 싶었다.

친구는 오세암에서 찬물에 발을 담그고 문질렀다. 여기서 백담사까지는 3시간 반이 걸린다. 오세암에서 작은 손전등을 얻어, 손전등에 의존 어두운 밤길을 3시간 반을 걸어야 한다. 숲길의 밤은 금세 어둡기 시작했다. 나는 비상식량으로 가져간 빵과 떡을 나누어 먹으며 걸음을 재촉했다. 밤길의 백담사 계곡은 넓고 깊기만 하다. 흐르는 계곡물은 달빛에 반사되어 길을 안내해 주는 듯하지만, 때로는 초행이라 헤매기도 했다.

산을 좋아하는 사람들은 어두운 산길이 무슨 대수야! 삼삼오오 짝을 지어 백담사에서 대청봉을 가기 위해 불을 밝히며 올라오고 있다. 오늘 밤에 중청봉 대피소에서 잠을 잘 것이라고 한다. 야간 산꾼을 만나니 좀 위안이 된다. 어둡고 험한 산길과 계곡을 지나 밤 9시경에 백담사에 도착했다. 백담사 주차장에는 등산객 30여 명이 대기해 있다.

여기서 용대리까지는 8km로, 셔틀버스 운행시간이 끝나 국립공원 화물차가 등산객을 용대리까지 실어 날랐다. 한 시간을 기다려서 용대리 매표소에 도착하여 택시를 타고 차가 있는 오색으로 되돌아와 강릉 시내 모 찜질방에서 자정쯤에 잠을 청했다.

무려 18시간이나 되는 긴긴 시간에 오색을 출발해 대청봉, 중청봉, 봉정암, 백담사까지의 산행에서 인생의 값진 체험을 했다. 친구 부부가 걸음을 잘 걷지 못할 때나 칠흑같이 어두운 백담사 계곡에서 길을 헤맬 때는 인내와 너그러운 마음으로 느긋하게 생각했다. 대청봉과 봉정암에 언제 또 오려나.

친구야 사랑한다. (1997)

노고단과 피아골

산은 인간이 건강관리와 편안한 휴식을 이용하도록 대자연을 제공하고 있다. 산을 찾는 사람들은 자신의 체력에 맞춰 산 정상에 오르거나, 산 중턱이나 계곡에서 자연미에 대한 심미적 정서 등을 함양하는 등 산을 유익하게 활용하고 있다. 따라서 산에 오르는 사람들은 산에서 즐거움을 누린 만큼 산을 보호하고 아껴야 할 것이다.

산은 계절 따라 빛깔을 가지고 있다. 봄 산은 화사한 꽃들로 분홍빛이라고 하면 여름은 신록의 초록빛으로 감돈다. 가을은 온 산을 형형색색으로 물들이고 겨울 산은 옷을 벗은 앙상한 나뭇가지와 백설의 순백 산이다.

산은 울창한 숲에서 인체에 이로운 피톤치드를 발산하므로 이를 뒷받침한다, 할 수 있다. 백세 시대에 건강하게 장수하기를 원하며 평소 건강에 대해 높은 관심을 보이고 있다.

산은 고독하다. 산은 인간이 느낄 수 없는 자연의 고독을 안고 있다. 때로는 적막이 흐르는 산속에는 산 짐승들의 울음소리만 처량하게 들리고 그들만의 안식처요, 낙원이다. 봄, 여름, 가을, 겨울 아름답지 않은 산은 없다.

산에서도 인정을 느낄 수 있다. 일상을 벗어나 산에 오르면 처음 보는 사람에게도 "안녕하세요" "수고하십니다" 하고 인사를 건네듯 마음이 통하고, 꿋꿋하게 자라는 나무처럼 모든 것을 이해할 수 있는 마음의 여백을 가질 수 있어 좋다.

산은 가을로 접어들어 지금 붉게 타들어 가고 있다. 만산홍엽의 단풍철로 지리산 피아골 계곡 등에는 단풍을 즐기려는 사람들로 등산길은 북새통이다. 10월 중순 설악산 대청봉에서 시작된 단풍이 남하하여 남부지방 온 산들을 붉게 물들이고 있다.

산악동호인 회원 30여 명과 11월 초에 지리산 노고단, 피아골로 단풍 산행에 나섰다. 지리산 단풍이 절정으로 구례 성삼재에는 주차할 곳이 없을 정도로 많은 등산객이 붐볐다. 이곳에 오는 사람들은 주로 성삼재에서 노고단까지 산행하는 사람들이다. 평소 산을 잘 타는 사람들은 성삼재, 노고단, 피아골 삼거리, 피아골 대피소, 삼홍소, 구례 직전마을, 연곡사 주차장까지 등산하며 거리는 10km로 만만치 않다. 내리막 산길이지만 돌이 많고 비탈길로 위험하다. 이날 사람이 밀려 줄을 서서 내려가는 기분이다.

피아골 단풍은 지리산 10경 중 2경으로 손꼽힐 만큼 단풍이 아름답다. 피아골 단풍 등산의 백미는 깊은 계곡에 있는 삼홍소다. 삼홍은 조선 성리학자 남명 조식이 남긴 삼홍시의 마지막 구절에서 피아골의 최고 단풍명소 삼홍소의 이름에서 유래했다. 삼홍은 온 산이 붉게 물들어 산홍이고, 단풍이 맑은 담소에 비쳐 수홍이며, 그 품에 안긴 사람이 붉게 보인다 하여 인홍이라 한다.

또 남명 조식이 두류산을 노래한 시이다.

> "두류산 양단수를 여 듣고 이제 보니 도화(桃花) 뜬 맑은 물에 산영(山影)조차 잠겼에라 아희야 무릉이 어디 메오 나는 옌가 하노라"

얼마나 걸었을까? 깊은 계곡 삼홍소를 지나 피아골 대피소다. 험준한 산길을 걸어온 등산객들은 이곳 대피소 앞에 자리를 같이했다. 쌓인 피로도 풀고 허기진 배를 채우기 위해서다. 예전에 관리공단에서 지리산에 곰을 방사한 곳이 이곳 피아골 대피소 인근으로 그때 가끔 곰이 나타나 이목을 집중시켰다.

구례군에서 해마다 피아골단풍축제를 여는 곳이 이곳 피아골 입구다. 축제는 단풍 제례를 비롯하여 숲속 음악회·농악 및 국악 등의 공연과 사진 전시회, 단풍 압화 만들기·사생대회·등산대회·장기자랑 등의 참여 행사가 열리며, 먹을거리 장터와 주막, 찻집 등이 운영된다. 성삼재를 출발한 지 5시간여 만에 구례 연곡사 옆 주차장에 도착하였다.

인간이 고통과 인내를 극복하고 높은 산과 험준한 산길을 완주하면 기분이 상쾌하고 보람을 느낀다. 억겁의 세월을 이어오며 늘 그곳에서 삶의 의미와 진리를 깨우쳐 주는 힐링의 산! 산을 좋아하고 사랑한다. (2017)

로터리 대피소와 칠선계곡

지리산 로터리 대피소는 중산리 매표소에서 천왕봉으로 가는 중간지점에 법계사와 나란히 하고 있다. 산장 가는 길은 중산리에서 칼바위 코스와 순두류로 해서 올라간다. 길이 순한 순두류 코스를 이용하려면 중산리 지리산 공영주차장에서 셔틀버스를 타면 편리하다. 주차장을 출발 하늘을 찌르는 낙엽송 군락을 지나 10여 분 달리면 순두류 자연학습장 입구에서 내린다.

포장도로를 벗어나 계곡으로 들어서면 푸릇푸릇한 숲에 참나무와 박달나무에 생기가 돈다. 봄의 생명력이 충만한 계곡을 한 시간쯤 오르면 로터리 대피소다.

로터리 산장은 예전에 진주 로터리 클럽에서 지어준 건물로 '로터리'지명을 따 붙여진 이름으로 수용 인원은 20~30명이다. 오랫동안 민간인이 운영해와 한동안 산악인들로부터 이용하기가 불편하다는 원성으로, 그 후 국립공원관리사무소로 이관되어 리모델링 후 관리하고 있다.

이곳 대피소는 바위틈에서 샘물이 솟아나고 앞마당에는 긴 의자가 있어 휴식을 취하기도 좋다. 대피소 바로 위의 법계사는 우리나라에서 최고로 높은 곳에 자리 잡고 있다. 일반적으로 가장 높은 곳으로 알고 있는 설악산 봉정암보다 더 높다.

예전에는 찾는 사람이 뜸한 소박한 암자 풍의 사찰이었는데 중창불사와 거대한 바위 위에 다소곳이 올라앉은 2.5m의 삼층석탑 등으로 절은 고즈넉하다.

법계사 입구에서 왼쪽 모퉁이를 돌면서 돌계단과 쇠줄 난간이 이어진다. 땀방울을 흘리며 묵묵히 비탈을 오른다, 급경사로 힘든 코스다. 커다란 입석 바위인 개선문을 지나면 천왕봉과 가까운 바위에서 떨어지는 물이 모이는 천왕샘이다. 물 한잔 들이키니 마치 살얼음을 깨고 먹는 것처럼 차갑다. 약수에 힘을 얻어 급경사 나무로 만든 계단을 오르니 천왕봉이다.

1983년 9월에 산악동호인 회원 20여 명과 1박 2일로 중산리에서 함양 칠선계곡으로 탐방하는 지리산 등반을 했다. 중산리에서 지리산으로 들어가는 도로 확 포장공사가 한창으로 중산리 입구에서 주차장까지 관광버스가 못 들어가 먼 길을 걸었다.

해가 질 무렵 로터리 대피소에 도착했다. 예약을 안 해 나와 5명은 대피소에서 잠을 못 자고 산에서 자야 했다. 이리저리 잠자리를 찾다가 산장 앞 큰 바위 밑에 잠을 청했다. 지리산은 고산지대로 밤에는 기온이 내려간다는 걸 알고 옷을 한 벌 더 가져가 껴입고 잠을 청했으나 코끝을 스치는 찬바람과 옆 사람의 코 고는 소리에 뜬눈으

로 밤을 새웠다.

다음 날 일찍이 로터리 대피소를 출발 9시경에 천왕봉에 올랐다. 그토록 가고 싶어 하던 천왕봉 첫 산행으로 감동이었다. 천왕봉에서 동쪽으로는 치밭목산장, 무제치기 폭포를 지나면 대원사 계곡으로 13km의 거리다. 또 천왕봉에서 제석봉, 장터목대피소, 세석대피소, 연하천대피소, 반야봉, 노고단까지는 25km로 지리산 종주 코스다. 이날 목표한 천왕봉에서 칠선계곡까지는 9.7km로 힘든 산행이 예상되었다. 지리산 칠선계곡은 우리나라 3대 계곡 중 하나로 지리산이 자랑하는 대표 계곡으로 천혜의 자연미와 함께 7개의 폭포, 그리고 수많은 소가 연 이어져 있다.

천왕봉에서 내려오면 마폭포, 대륙폭포, 삼단폭포, 칠선폭포, 비선담, 선녀탕, 두지동, 마천면 추성리로 힘든 산행을 마쳤다. 저녁 7시경에 종점에 도착하니 어떤 아가씨가 산행 고통으로 뒹굴고 있었다. 1박 2일 동안의 산행 거리는 중산리에서 천왕봉까지 5.4km, 천왕봉에서 추성리까지는 9.7km로 총 15.1km로 지리산의 첫 산행 구슬땀 흘리며 힘든 산행이었다. (1983)

화개장터와 불일폭포

하동의 화개장터와 10리 벚꽃 길, 불일폭포는 사람들이 많이 찾는 관광코스다. 화개장터는 섬진강을 사이에 두고 구례군과 마주 보고 있는 지역적 특성을 가진 경상도와 전라도의 교류지점이 되었던 상징적인 의미를 가진 장터이다.

강과 사람을 이어주고 산과 마음을 품어주는 곳 낭만과 인정이 넘쳐나 신바람 나는 흥정으로 문전성시를 이루는 상업 지역이다.

유유히 흐르는 섬진강 변의 화개장터는 조영남의 「화개장터」 노래로 전국적으로 알려지면서 2001년 농촌 마을에 보기 드물게 상설시장으로 매일 장이 열린다. '있어야 할 건 다 있구요, 없을 건 없답니다. 화개장터…' 「화개장터」 노랫말처럼 음식점, 한약재, 약초, 대장간 등 상품 종류도 다양하고, 장터에는 기타를 들고 노래하는 조영남 동상 포토존이 그의 인기를 의미한다.

화개장터는 예전에 원인을 알 수 없는 화재가 발생 40여 개의 점포가 소실됐다. 지역사회에서는 하동의 명물인 화개장터가 화재로 제 기능을 잃은 데 대해 큰 실망감을 나타냈다. 이로 인해 초가지붕이던 점포가 현대식으로 바뀌었다.

화개장터와 인접한 쌍계사까지는 10리 벚꽃길로 벚꽃 철에는 수많은 사람들이 벚꽃 나들이에 나선다. 하동군 금남면 노량리에서 쌍계사까지 이어지는 '하동포구 100리 벚꽃길'은 전국에서 가장 아름다운 벚꽃길로 유명하다. 그중에서도 특히 장관을 이루는 화개장터에서부터 쌍계사까지의 약 6km 구간을 10리 벚꽃길이라고 한다. 섬진강을 끼고 도로 양쪽에 자리한 수령 50~60년의 벚나무에 꽃이 피면 환상적인 벚꽃 터널이 이루어진다.

화개장터 10리 벚꽃길과 더불어 지리 10경의 하나인 불일폭포는 높이가 60m에 이르는 폭포로, 우리나라 폭포 중에서 비교적 큰 규모로 알려져 있다.

전설에 의하면 폭포 아래 용소에서 살았던 용이 하늘로 승천하면서 꼬리로 살짝 쳐서 청학봉과 백학봉을 만들고 그 사이로 물이 흘러내려 폭포가 생기게 되었다고 전해진다. 또 고려 희종(1204~1211) 때 보조국사 지눌(知訥, 1158~1210)이 폭포 근처에서 수도를 하였는데 지눌이 입적을 하자 희종이 불일 보조라는 시호를 내리면서 불일폭포라고 부르게 되었다고 전하며 지눌이 머물렀던 암자를 불일암이라고 불렀다.

근래에는 폭포 입구에 흔적만 남겨 놓고 사라졌던 암자가 복원되어 현판에는 불일암이라고 새겨져 있다. 불일폭포는 쌍계사나 국사암에서 출발하면 북동쪽으로 나 있는 산길을 따라 약 2.1㎞ 떨어진 지점에 위치한다. 폭포까지 등산로가 잘 만들어져 있어 쉽게 찾아갈 수 있다.

국사암에서 한참을 오르면 불일평전이다. 불일평전은 샘물이 흘러내리고 봄이면 아름다운 꽃들로 관목과 더불어 정원을 방불케 한다. 예전에는 개인 대피소로 산에 오르는 등산객을 상대로 음료수, 캔커피, 빵 등을 팔기도 했다.

또한 이곳에서 삼신봉으로 가는 등산객을 위해 야영장이 있고, 밥을 지을 수 있는 취사장도 갖추어 등산객들이 이용하기도 하였다. 언젠가 지인들과 이곳 불일폭포를 탐방하였을 때는 대피소는 낡아 허물어졌고, 야영장은 이용을 하지 않아 잡초와 잡나무만 무성하였다. 이날 국립공원관리공단에서는 불일폭포를 탐방하는 등산객들의 안전을 위해 이곳 불일평전에 국립공원 지원센터를 리모델링하고 있었다.

불일평전을 지나 잘 정비된 계단 등의 등산로를 지나치면 불일폭포다. 억겁의 세월을 꿋꿋하게 지켜온 불일폭포, 쏴 하고 흘러내리는 물줄기는 신선이다.

예전에는 폭포수가 흐르는 곳까지 내려갔으나 폭포 보호를 위해 중간에 데크를 만들어 이곳에서 감상할 수 있도록 했다. 화개장터, 10리 벚꽃길, 불일폭포, 하동 알프스여 영원하라. (2007)

통영산악회 창립 50주년

산 사나이들로 결성된 통영산악회가 올해로 창립 50주년을 맞았다. 1970년 창립된 (사)대한산악 경남연맹 통영산악회는 통영에서 제일 오래된 산악회로 긴 역사를 갖고 있다.

통영에는 단위 산악회중 A산악회가 한동안 활동해 오다 해산(解散)하고, 통영군청에서 직장산악회를 '통영산악회'로 결성하려다 기존의 통영산악회가 있어 다른 이름을 지었다고 한다. 내가 소속해 있는 통영산악회는 매월 첫째, 셋째 일요일에는 우천 불구하고 정기 산행을 가진다.

강산이 5번이나 변한 통영산악회는 부부가 함께 등산을 즐긴다. 또 지역 사랑으로 매년 1월 첫째 일요일에 미륵산 등산로 주변과 상봉 바위 틈새에서 자연보호 정화 활동을 수십 년간 실시했다.

자연보호와 더불어 매년 3월 셋째 일요일에는 한국의 100대 명산 미륵산 띠밭등에서 산악인의 무사 산행을 기원하는 시산제를 봉행

한다. 시산제는 진주산악회, 진주 자유산악회, 진주 촉석산악회, 삼천포산악회와 서로 왕래를 하며 양 산악회 간에 우정을 나눴다.

관광버스를 이용한 장거리 산행은 1박 2일 코스로 무더운 여름은 피서산행, 가을은 단풍산행, 겨울철에는 설경(雪景) 등반으로 아름다운 추억을 남겼다.

여름 피서 산행은 지리산 계곡이 으뜸으로. 남원 칠선계곡, 함양 백무동계곡, 산청 시천면 내대리 거림계곡 등에서 깊은 계곡물에 푹 빠져들며 힐링이다.

가을 단풍산행은 설악산이 으뜸이다. 설악산은 설악동 신흥사에서 천불동계곡, 양폭산장, 회운각 대피소까지 등반은 물론, 1박 2일 코스로 설악산 대청봉에 오르기도 했다.

양양 설악지구 오색에서 민박하고 대청봉, 중청봉, 소청봉, 봉정암, 오세암, 백담사를 거쳐 용대리로 하산하는 코스다. 형형색색으로 물든 설악산 단풍이 장관이다.

설경 등반으로는 강원도 태백산이다. 살아 천년 죽어 천년 간다는 주목(朱木)에 피어난 멋진 상고대를 볼 수 있으며 무주 덕유산 설경도 절경이다. 설경 등반에는 아이젠이 필수로, 특히 하산 시 주의를 요한다. 보통 산을 다 내려와 빙판길에 미끄러져 다치는 경우가 허다하므로 하산이 끝날 때까지 마음을 놓아서는 안 된다.

2020년에는 통영산악회 창립 50주년으로 감회가 새로웠다. 50주년 뜻깊은 해를 맞아 코로나19 거리두기 전 여름 피서산행을 지리산 시천면 거림계곡으로 가기로 했다. 코로나로 안전한 식당을 정하기 위해 사전 답사로 지리산과 가깝고 계곡과 연결된 '솔바구 민박'

집을 염두에 두고 갔으나 부산 손님 수십 명이 예약되어 포기하고 계곡 중간 지점에 있는 한적한 '털보산장'을 택했다. 털보산장은 몇 년 전 고교 통영지역 동문회에서 여름에 연속으로 3년을 간 적이 있어 이 집을 예약했다.

털보산장은 민박집으로 약 이백 평의 대지 마당에 관광버스가 들어갈 수 있고 산장 아래채 대청마루에서 식사를 하므로 코로나 안전지대라 할 수 있다. 그해 50일간의 장마로 한차례 연기 끝에 2020년 7월 26일 부부 32명이 거림계곡으로 떠났다.

거림에서 세석대피소 가는 길에서 1시간 반을 등산했다. 털보산장을 처음 와본 일부 회원은 집이 절 같다며 만족해했다. 태양이 쨍쨍 내리쬐는 오후에는 산장 앞 깊은 계곡에서 몸을 담그며 피서를 즐기고 돌아오는 길에 하동 알프스 금오산 산자락에 있는 '미스터 트롯 정동원 집' 관광도 즐겼다.

가을에는 단풍산행으로 전북 진안 암마이산을 택했다. 마이산 남부 주차장에 내려 올라가는 길옆에는 상가가 즐비해, 인삼 튀김이 인상적이었다. 금당사를 지나 산에 올라 북부 주차장으로 하산하며 의미 있는 산행을 했다.

50주년 창립 회원으로는 유일하게 백두찬(77) 회원께서 왕성하게 활동하고 있다. 산악회 창립 반세기를 맞이하여 산악회의 산증인 백두찬 회원에게는 그간의 공로로 '자랑스런 산악인상'을 수여하며 위로했다. 백두찬 씨는 매월 2회 등산에도 부부가 함께 산행을 하며 건강도 보살핀다. 한때는 회원 수가 40여 명이었으나 현재는 26명이다.

통영산악회는 고성, 거제 등지로 정기산행을, 때로는 장거리 산행 등으로 건강과 친목을 다지며 산악인의 우정을 이어가고 있다.

(2020)

4

인연, 그 소중한 만남

- 인연, 그 소중한 만남
- 사진의 미학
- 꾸지뽕 나무와 야생동물
- 시인의 딸들
- 통영인(人), 품바 양푼이
- 통제사 옛길
- 지득(地得)
- 보릿고개
- 『수필문학』과의 인연
- 추억의 마라톤

인연, 그 소중한 만남

재치 넘치는 유머와 따뜻한 웃음, 그리고 폼 넉넉한 바바리 멋쟁이로 기억되고 있는 '카메라 탐방'의 설엽(雪葉) 서우승(1946~2008) 시조 시인, 그는 깊이 있는 시조 세계를 보여주며 한평생을 예향 통영에서 활동하다 우리 곁을 떠났다.

올해는 그가 타계한 지 10주기로 시인을 기리는 추모 사업이 어느 문학가로부터 태동을 하고 있어 강산이 한 번 변한 지금 선생이 더욱 그리워지는 해가 될 것이다. 설엽은 시조 시인으로 문필가로 한 시대를 풍미했다. 설엽 선생은 통영시청 집필실장으로 공직 생활을 마감하고 정년으로 물러났다. 하지만 당시 시장(市長)은 그를 계속 근무토록 해 퇴직을 하고도 보기 드물게 또 직장을 가졌다.

설엽 선생은 공직 시절 나와 한 과(課)에서, 한 계(係)에서 근무한 소중한 인연이 있다. 그의 업무는 시장(市長) 인사문 등을 집필하는 일을 해 방을 따로 두었는데 집무실에는 문필의 흔적이 가득했다.

대형 탁자 위에는 신문 스크랩한 자료들이, 캐비닛 속에는 수십 년째 쌓아둔 자료가 분야별로 쌓여 있어 집필에 참고하는 모습이었다.

그는 커피 등 현대차(茶)를 마시지 않고 전통차(茶)를 좋아했다. 통영 장날 재래시장에서 약초를 구입 구기자 등의 한약재를 푹 삶은 한방차를 마시며 동료들에게 대접하기도 했다. 그래서 그의 별칭은 '동의보감'을 완성한 허준(許浚)의 이름을 본 따 몇몇 직원 간에는 서준(徐浚)으로 통했다.

가까이에서 바라본 설엽 선생은 일상생활을 근검절약으로 생활했다. 집이 시청하고 한 시간 거리인데도 가끔 걸어서 출근하기도 했다. 점심도 직원들이 식사가 끝날쯤 늦게서야 구내식당을 이용하고 퇴근 시 술은 직장동료들과 소주방에서 회포를 풀었다. 술자리에서 그의 구수한 입담은 시(詩)적인 표현 등으로 웃음꽃을 피운다.

설엽 선생의 집무실 방 옆에는 통영 시보(市報)를 집필하는 이태민 시보 편집장의 방으로, 언론인 출신인 이태민 편집장은 7년 동안 시정 소식지를 만드는 일에 전념했다. 글에 관하여 두 사람은 어딘가 모르게 선의의 경쟁이나 하듯이 경계를 하는 눈치였지만 설엽 선생은 한 단계 상위라는 것을 강조하였다.

이렇듯 정답게 지낸 2002년 5월 어느 봄날 주말에 설엽 선생과 이태민 편집장 하고 셋이서 1박 2일로 해남 두륜산으로 여행을 떠났다. 두륜산 기슭 대흥사 입구 민박집에 잠자리를 정했다.

이튿날에는 두륜산 등산에 나섰다. 산 입구부터 절까지는 거리가 제법 멀다. 대흥사를 걷다 보면 오른쪽으로 고택으로 된 숙박시설을 만난다. 100년 전통의 한국 최초의 여관으로 알려져 있다. 동백 숲길을 지나면 천년 고찰 대흥사로, 계곡을 따라 흐르는 물소리와 주변의 동백 숲길이 선경이다.

산 정상으로 오르는 오솔길에는 토종동백이 숲을 이루고, 한참을 걸으니 산 중턱에는 암자 일지암이 다소곳이 자리하고 있다. 초의선사가 39세였던 1824년에 지어 40여 년간 기거한 한국 차 문화 중흥의 상징인 곳이다. 암자 아래쪽에는 수령 천 년 된 느티나무가 자라고 있으나 고목으로 가지는 네다섯 개로 몸통만 지탱하고 있어 겨우 명맥만 유지한 상태다.

이토록 설엽 선생과 가까이 지낸 공직 근무 시 「불일폭포」라는 시를 적어 보여 드렸더니 손질해 주면서 글을 쓰라고 했다. 글을 처음부터 잘 쓰는 사람은 없다. 통영군청 A씨도 자주 글을 써 잘 쓴다고 하면서 글쓰기를 권했다. 당시 서툴게 쓴 시(詩)이지만 어렴풋이 생각나 적어본다.

불일폭포

하동포구 팔십 리 길을
굽이굽이 돌고 돌아
어느새 천년고찰 쌍계사
진감선사 부도 비 그림자 속의
정화수 들이키고 쉬엄쉬엄
돌밭 샛길 다람쥐 나를 멈춘다
봄 꽃향기 가득한 불일산장
홍매화 향기가 잠든 산을 깨운다
억겁의 세월을 지녀온 불일폭포

쏴~ 하고 흐르는 폭포수
눈이 시리니 이까지 시리다
세속에 찌든 온갖 때를
폭포수에 씻어 보내리

인연 그 소중한 만남, 한때 설엽 선생과의 지내 온 일들은 주마등처럼 스쳐 갔지만 아쉬움만 남을 뿐이다. 통영문학의 큰 별로 지역문학을 빛나게 했던 설엽 선생은 우리들 뇌리에 오래도록 기억될 것이다. (2008)

사진의 미학

사진은 물체의 형상을 감광막 위에 나타나도록 찍어 오랫동안 보존할 수 있게 만든 영상으로 누구나 사진을 쉽게 찍지만 표현하기는 쉽지 않다. 그래서 사진작가들도 촬영 시에는 무엇을 어떻게 표현할지 고민한다. 사진은 찰나다. 사진 찍는 순간은 짧으나 사진예술은 길다. 사진은 순간이라는 시간에 의해 탄생되어 추억으로 남는다. 취미 삼아 시작한 사진이 오랜 세월이 지났다.

공직 시절 직장에서 처음 만져본 카메라지만 사진 찍는 것을 좋아했다. 아날로그 시대에는 흑백필름에서 칼라와 슬라이더 필름을 주로 사용했다. 칼라는 일반인들이 슬라이더 필름은 사진 전문가나 행정관청에서 보고용으로 사용했다.

내가 몸담고 있던 직장에서는 각종 행사와 시정(市政)의 각종 업무에 대한 기록보존을 위해 사진만 촬영하는 직원을 두었다. 사진 기사도 시대의 변천에 따라 남자 직원에서 여직원으로 바뀌었다.

당시 남자 사진 기사로서 H씨가 정년까지 사진을 담당했다. H씨는 덥수룩한 옷맵시에 예술가다운 멋을 풍겼으나, 간혹 사진 찍을 때 실수를 한 적도 있었다. 그는 새해 첫날 아침, 시내 주요 기관장이 참석하는 조찬 신년 인사에서 기념 촬영을 하는데, 사진을 찍고 나서 필름이 없는 것을 알았다. 그 이후로는 사진 찍을 때 H기사 필름 있나가 인사가 되다시피 했다. 직장에서 사진 전용 직원이 있는데도 기획부서의 행사 사진 촬영을 하는 데 일익을 담당했다.

1988년 서울올림픽 성화 봉송이 전국을 돌아 삼천포항에서 쾌속선 엔젤호를 타고 남해안 해상을 통해 충무항 엔젤호 부두에 도착했다. 부두에는 천여 명의 시민들이 모여 성화 봉송을 환영했다.

그날 성화봉을 인수받은 사람은 한려개발 대표 부인이 맡았는데 부인은 황금빛 한복 차림으로 우아하고 천사 같았다. 엔젤호의 성화 봉송은 올림픽 역사의 한 페이지를 남겼다. 성화 봉송은 시내 간선 도로를 거쳐 원문고개까지 주자가 성화를 들고 달리는 장면을 촬영했다.

또 통영시정 소식지 새해 일면 톱 사진으로 해 뜨는 장면 사진 촬영에 나섰다. 2000년도 12월 말경에 일출 사진을 찍기 위해 시보 편집실장 A씨와 공보실 여직원 사진기사와 함께 행정선을 타고 한산면 장사도 앞 해상까지 나갔다. 영하의 추운 날씨로 거제 병대도 섬 사이에서 바다에서 떠오르는 일출을 촬영하려 했으나 강한 풍랑으로 배가 흔들려 실패했다.

그 이듬해 12월 말경에는 거제 홍포 끝 해안초소에 갔었다. 이곳에서 보는 병대도의 크고 작은 섬 위를 떠오르는 일출이 장관으로,

통영 수산과학관에서 바라본 새해 일출

사진 촬영 장소로는 최상의 자리다. 군 초소를 들어가야 하나 입구에서 통제한다. 통영시청에서 왔다니까 군 초소장 박 상사는 시청 당직실에 전화까지 하며 내 신원을 확인한 후 들어오라고 하였다. 최근에는 사진동호인들이 일출 사진을 많이 찍는 것을 볼 수 있다. 일출 사진의 명소는 동해안의 정동진과 여수 항일암 등이 아름답다고 하지만 통영 앞바다 주변 섬과 섬 사이로 떠오르는 일출이 동해안의 섬도 없이 밋밋하게 뜨는 일출보다 아름답다. 통영항 일출은 수산과학관에서 저 멀리 한산면 가왕도와 용초도 섬 사이 바다에서 떠오르는 해돋이가 천상의 비경처럼 한 폭의 그림으로 다가온다.

하지만 일출 사진도 하늘이 도와야 걸작품이 나온다. 어느 해 12월 초순에 8번이나 갔는데도 구름이 떠 있어 실패했다. 이곳 일출 사진은 통영항에서 7시 출항하는 한려 카페리호를 타면 척포 앞바다에서 산양읍 새섬과 용초도 사이에서 떠오르는 해를 잡을 수 있다. 소매물도 일출도 장관이라고 한다. 이 섬에서는 일출과 일몰을 한자리에서 카메라에 담을 수 있다.

현대는 인터넷 시대로 아날로그에서 디지털시대로 바뀌었다. 또 스마트폰 등장으로 누구나 스마트폰으로 사진과 동영상을 촬영할 수 있어 편리하다.

한 장의 추억을 간직한다는 사진, 이제 사진도 디지털카메라에서 스마트폰 사진으로 추억을 남기기도 한다. (2012)

꾸지뽕나무와 야생동물

아주 놀랍게 자랐다. 아니 새끼들이 여기저기서 쑥쑥 커 올라오고 있다. 어미나무의 몸통과 가지에는 장미꽃 나무처럼 가시가 돋아나 있다. 잎은 뽕잎처럼 생긴데다 총총히 박혀 있고, 열매는 큰 오디처럼 노란색을 띠며 가을에는 탐스러운 결실을 맺는다. 그는 꾸지뽕나무다.

꾸지뽕나무는 뽕나무와 쓰임새가 비슷하나 박달나무와 맞먹을 정도로 단단하다. 뽕나무보다 더 단단하다는 뜻으로 '굳이뽕나무'라고 하였고, 이것이 변하여 꾸지뽕나무가 되었다. 누에를 키우기 위해 대접받는 뽕나무가 부러워 굳이 뽕나무를 하겠다고 우겨서 꾸지뽕나무가 되었다는 설도 있다. 동의보감(東醫寶鑑)에는 '몸이 허하여 귀먹은 것과 학질을 낫게 한다'라고 했다.

김영감과 목수 일을 하는 A씨와 셋이서 경작하는 밭 삼백 평의 한구석에 제법 큰 꾸지뽕나무가 자라고 있다. 나무 크기로 보아 10

년이 훨씬 넘은 것으로 추측된다. 매일 가는 밭에 어느 날 우연히 이 나무를 발견했다. 유심히 바라보니 나무에 가시가 돋아 있어 꾸지뽕나무라는 것을 그제야 알았다.

잎 열매 몸통 곁가지 뿌리까지 하나 버릴 것이 없다는 꾸지뽕나무가 나의 가슴속으로 다가왔다. 이 나무는 번식력이 강한 속성수로 독성이 없고 잎 열매 줄기 뿌리에 다량의 항산화 물질을 함유하고 있는 약성 기능성 나무다.

뽕나무과에 속하는 나무로 뽕나무보다 효능이 몇 배나 뛰어난 약용나무이다. MBC 다큐멘터리 「약초전쟁」에서 꾸지뽕나무는 느릅나무와 초· 와송과 함께 4대 약초로 방영되었다. 꾸지뽕나무가 항암에 좋다고 이 나무를 선호하는 사람이 많다.

어느 날 밭에 있는 꾸지뽕나무 가지 몇 개가 잘려나갔다. 누가 그랬을까? '나는 이 나무가 약 나무이니 함부로 꺾지 말라'고 경고문을 달아 놓았다. 뒤에 만난 목수쟁이가 김 영감이 삼계탕 끓이는데 주라고 해 조금 주었다고 했다.

목수 A씨는 꾸지뽕나무를 오래전에 욕지도에서 가져와서 심었는데 이렇게 많이 컸다고 한다. 가끔 총총히 박힌 잎을 따서 그늘에 말리고, 뿌리 한 줄기를 캤다. 노란색을 띤 뿌리를 자르니 진한 액이 옻나무 액처럼 나왔다. 잎과 몸통 모두 진한 액이 나왔다. 뿌리는 말려서 물을 끓이니 구수한 향이 독특하다.

그런데 어느 날 꾸지뽕나무가 몸통이 잘려나가고 뿌리 둥치만 남았다. 목수 A씨가 제 나무라고 잘라 간 것 같다. 호기심에 땅을 파 아주 큰 뿌리를 캤다.

작열하는 태양 속에서도 혹독한 추위를 이겨내고 연초록의 잎이 돋아나고 열매를 맺는 꾸지뽕나무는 뿌리로 번식한다. 어미나무가 자란 주변을 살펴보니 수십여 그루의 새끼 나무가 올라오고 있다, 모든 생물체에서 중요한 것은 종족 번식이라고 하였듯이 꾸지뽕나무가 밭을 잠식하고 있다. 개성이 뚜렷한 꾸지뽕나무 이렇듯 그는 뿌리 몸통 곁가지 열매 잎 하나까지 버릴 것이 없듯이 그는 생명력을 다하고 있다.

꾸지뽕나무가 있는 밭에는 온갖 작물을 심고 가꾸었다. 봄 채소를 비롯해 고추, 고구마, 가을에는 김장 배추를 심어 자급자족했다. 토질은 물이 잘 빠져 고구마가 잘 되고 타박이 고구마는 맛이 좋았다. 고구마가 제법 자라는데 허름한 울타리를 뚫고 멧돼지가 습격해 고구마밭을 갈아엎어 놓듯이 쑥대밭을 만들어 놓아 멧돼지를 퇴치하기로 했다. 산에서 내려오는 길목에 올가미 몇 개를 설치해 멧돼지를 잡기로 했다. 어느 날 올가미에는 고라니, 너구리가 걸렸다. 고라니는 제법 크다. 고라니를 풀어 주려고 쌀 포대로 얼굴을 가리고 공구로 철사를 자르는 동안 고라니는 큰 소리로 울었다.

너구리는 며칠 동안 3마리나 걸렸다. 포동포동한 너구리는 올가미에서 빠져나가려고 발버둥을 쳐 땅이 제법 파였다. 공구로 철사를 자르고 너구리를 모두 풀어 주었다.

이러는 과정에서 몇 돼지가 올가미에 걸렸으나 철사가 약해 터져 달아났다. 좀 더 두툼한 쇠줄을 설치해 놓았는데 멧돼지가 앞다리 뒤 허리에 걸려 빠져나가지도 못하고 발버둥이다. 크기는 중돼지로 접근이 쉽지 않다.

이것만은 잡아야겠다고 하고 큰 방망이로 한 방 내리치니 꼼짝도 않는다. 오후 늦게 현장에 가보니 잘 아는 동생 일행 5명이 멧돼지를 잡아끌고 내려오고 있었다. 아무도 산에 잘 오지 않는 이곳에 어떻게 알고 왔는지 궁금했다? 근래에는 멧돼지를 비롯한 야생동물들의 개체수가 늘어나 농사를 망치고 있어 농촌에서는 멧돼지들의 습격으로 곤욕을 치르고 있다. (2017)

시인의 딸들

속설에 흔히 딸은 아버지를 닮는다고 한다. 딸은 부모의 우월한 외모를 물려받을 확률이 높으나, 아버지의 특출한 재능까지 받는 경우는 흔치 않다. 우리들 주변에는 아버지는 사회생활에서 최고위 자리까지 오른 반면 자녀들은 그러지 못한 경우를 볼 수 있다.

최근에 아버지의 재능을 쏙 빼닮은 시인의 두 딸을 보았다. 주인공은 우리 고장에서 한평생을 문학예술 활동을 하다 고인이 된 박재두 · 서우승 시조 시인의 딸이다.

박재두 시인의 고향은 남해안 푸른 파도 출렁대는 사량도 양지리 능양 마을이고 서우승 시인은 산양읍 미륵산 기슭 야솟골이다. 공교롭게도 두 분의 시인은 그를 기리는 시비(詩碑)가 고향에 세워졌다.

운초(云初) 박재두 시조 시인을 기리는 시비는 2016년 4월에 그의 고향 사량도 능양 마을에서 제막식이 있었다. 시비는 마을광장 앞 에메랄드빛 바다가 내려다보이는 마을 동산에 자리를 잡았다.

물소리 시비(詩碑)에서 서우승 선생 10주기 추모

시비 제막식에는 이 고장 출신인 차한수 시인을 비롯해 민병도, 정목일 시인 등 내로라 하는 문학인들이 참석 고인을 그리워했다. 제막식에서 평택대학교 교수인 큰딸은 "오늘은 저희 어머니에게는 가장 감격스런 날로 기억될 것입니다. 선친 시(詩) 중에 어머니에게 바친 시가 딱 한 편 있습니다"라고 인사했다.

「화병」이란 시로 시의 구절은 단칸방에서 아이 넷을 키우면서 살아가는 아내를 화병에 비유하여 좁은 공간에 갇혀 있는 꽃에 비유한 시로, 큰딸은 이 시를 낭송하면서 눈물을 글썽여 잠시나마 말을 잇지 못해 참석자 모두를 숙연하게 했다. 아버지를 그리는 애틋한 사랑으로 이목을 집중시켰다. 박재두 선생은 교육에 몸담으면서 자상하고 부드러운 언어를 구사하여 자연스럽고 편안한 서정 시조 시인으로 정직함을 노래했다.

박재두 시조 시인과 함께했던 설엽(雪葉) 서우승 선생의 시비(詩碑)

는 그의 고향 산양읍 미륵산 기슭 야솟골 숲과 물과 어우러진 동네 입구에 자리했다. 2018년은 선생이 영면한 지 10주년이 되는 해로 서우승 시조 시인의 추모제가 3월 말에 그의 고향 물소리 시비 앞에서 거행됐다. 10주기 추모제에는 그의 가족과 문학인들이 참석 시인을 기렸다. 이날 선생의 딸은 인사말에서 "아버지를 안 닮은 것은 글솜씨다. 어젯밤에 쓴 글이라 하면서 인사말을 하였다. 아버지는 평소 술과 친구 그리고 등산을 좋아했다고 했다. 주말에는 낡은 배낭과 낡은 모자를 쓰고 등산 가서 약초를 뜯어와 어머니는 이 약초를 반찬으로 만들었다고 했다. 아버지는 월급날이면 퇴근길에 통닭을 사와 가족들과 먹었던 추억 등을 잊을 수 없다."고 하면서 눈시울을 적셨다.

문학으로 한평생을 소박하게 살다간 두 시인을 그리며 시인의 두 딸의 인사말이 오래도록 기억되고 있다. 시인의 딸들의 인사말을 되새기며 박재두 시인의 「화병」 시를 읊어 본다. (2018)

화 병

박재두

풀죽은 이부자리 가난의 긴 그림자를 깔고
허리 접고 돌아누운 목이 흰 여인이여
아내여, 좁은 영토에 몸을 묻은 꽃가지여.

패물같이 아껴온 젊은 성으로 쌓았어도
꽃잎으로 지는 날 먼 산 뻐꾸기도 안 울고

멍에진 짐은 겨워도 부릴 곳이 없고나.

찬바람 무늬지는 평 가웃 단간 방에
까맣게 눈이 잘 익은 씨앗을 달고 앉아
대천지 한바닥에 뜬 낙도처럼 서러워라.

통영인(人), 품바 양푼이

양푼이는 통영사람이다. 품바 양푼이는 예명으로 그는 1990년 초에 통영중앙시장에서 리어카에 엿판을 만들어 골목길을 누비며 엿을 팔기 시작하여 방랑 품바 인생길로 들어섰다. 직업에는 귀천이 없다지만 그는 품바 인생을 택했다.

품바란 장터나 길거리를 돌아다니는 각설이를 부르는 말로 타령의 장단을 맞추고 흥을 돋워 울고 웃는 우리들의 삶과 애환을 풍자하면서 깊은 감동을 준다.

품바 인생길에 들어선 양푼이는 통영 중앙재래시장에서 한동안 활동하다가 관광객이 많이 오는 도남동 유람선터미널 주차장과 도남 관광지로 활동 무대를 옮겼다.

유람선터미널 주차장은 전국 관광객들로 북적이자 양푼이는 허름한 옷을 걸치고 구수한 입담으로 관광객을 사로잡으며 소매물도, 한산도, 제승당 등의 통영 관광을 홍보하기도 했다.

이러는 동안 통영시에서 1999년 도남 관광지에 관광 상품용으로 음악분수를 만들었다. 그때 공직 시절 관광시설 팀장을 맡아 음악분수를 완공하고 시설관리에 들어갔다. 음악분수는 음악의 선율에 따라 빠르게 느리게 물을 뿜었고 여름철 밤에는 워터스크린(water screen)을 배경으로 이순신 장군의 역사적 테마로 구성된 레이저 쇼가 20분간 방영되어 낮에는 분수, 밤에는 레이저쇼로 수많은 사람들이 붐볐다.

이때 분수광장에서 품바 공연을 한 양푼이를 처음 알게 됐다. 양푼이는 오전에는 유람선 터미널 주차장에서 오후에는 분수광장에서 북과 꽹과리를 설치하고 시민과 관광객을 상대로 난타 공연처럼 노래와 연주로 그의 재능을 발휘했다.

양푼이는 통영에서 열린 부산 방송국 유랑극단 노래자랑에서 남진의 「둥지」를 불러 입상하는 등 가창력도 뛰어났다. 차츰 품바 재능을 인정받은 그는 통영에서 열린 각종 행사에도 참여하는 등 전국으로 무대를 넓혀 갔다.

전국에는 지역 특성을 살린 축제가 많이 있다. 지역축제에는 볼거리도 많고 먹을거리도 많지만 그중에서도 즐길 거리 하면 바로 품바 공연을 빼놓을 수가 없다. 양푼이는 내장산 단풍축제를 비롯하여 보령머드축제, 평창 메밀꽃 필 무렵 축제 등 주요 축제에는 빠지지 않았다. 몇 년 전 통영 수향수필문학회에서 평창 봉평 이효석 문학관으로 문학기행 갔을 때 메밀꽃 축제장에서 구름 관중이 에워싼 가운데 양푼이 공연이 펼쳐지고 있었다. 그때 나는 양푼이를 만났는데 통영시청 형님이 왔다고 소개했다.

그는 품바 인생 28년에 접어들었다고 한다. 가수는 노래 3곡만 하면 거들나지만 그는 혼자서 제법 긴 시간을 해학과 풍자, 재담, 구수한 노래로 관중을 사로잡으며 웃음을 선사한다.

양푼이의 레퍼토리 중에는 부산 출신 여성품바 설녹수와 듀엣으로 하는 코믹 '갑돌이와 갑순이'가 인기다. 갑돌이 역은 양푼이가 갑순이 역은 설녹수가 갑돌이와 갑순이의 민요풍 음악에 맞춰 품바 공연장 마당을 왔다 갔다 하며 달을 보고 눈물을 흘리고 설녹수가 양푼이가 바람났다고 이리저리 끌려다니면서 내팽개치는 장면 등에서는 관중들의 폭소가 터진다.

양푼이는 품바 연예인으로 팬클럽에 노래도 취입했다. 신곡 발표에는 우정 출연 가수와 팬클럽 회원들이 모여 신곡 발표를 축하했다. 그는 함양군 체육관에서 수많은 주민이 모인 이 지역 어르신 팔순 잔치에 초청돼 100세 인생 가수 이애란, 민요 가수 김세레나 등과 공연을 펼칠 정도로 알아주는 품바로 위상을 넓혀 나갔다.

그의 공연 모습은 인터넷 유튜브에 올라 조회수가 100만을 넘는 등 품바로 명성을 날리고 있다. 인터넷 검색창에서 '품바 양푼이'를 치면 그의 공연 모습 동영상을 볼 수 있다.

허름한 누더기옷에 연지곤지 바르고 황야로 떠나는 그의 인생길은 결코 외롭지 않고 쓸쓸하지 않을 것이다. 품바 세계에 푹 빠진 양푼이의 앞날에 영광이 있기를…. (2018)

통제사 옛길

조선 후기 한양을 중심으로 조선 8도의 각 변방을 잇는 10대로가 있었다.

10대로는 관서대로(의주), 북관대로(경흥), 관동대로(평해), 봉화대로(봉화), 강화대로(강화), 삼남대로(해남), 영남대로(동래), 충청수영로(보령), 수원별로(수원), 통영별로(통영)였다.

이렇게 한양에서 통영에 이르는 길이 조선의 10대 간선 도로에 속했음은 임진왜란 이후의 남해안 방비의 중요성과 함께 삼도수군 통제영의 비중이 매우 컸음을 알 수 있다. 통영 별로를 약칭하여 통영로라 했으며 이 가운데 특히 통영과 고성을 잇는 구간을 삼도수군 통제사가 한양으로 오가던 길이라 하여 속칭 '통제사길'이라 했다.

통영과 고성의 중간에 위치한 가장 크고 높은 고갯길이라 하여 한티(汗峙) 또는 대치(大峙)라 불린다. 통제사가 지나다니던 통영시 도산면 관덕리 도덕산 고갯길 중간 양면에는 암각비가 있으며, 서쪽

숲에 있는 큰 바위에는 '統制使 具公顯謙 世世有澤 世世不忘'(통제사 구공현겸 세세유택 세세불망)이라 새긴 글이 뚜렷하다. 구현겸 통제사(1774~1775재임)의 선정을 통영의 군민들이 영원토록 잊지 않겠다고 세운 불망비(不忘碑) 이다.

불망비 아래쪽 동쪽 도로변의 큰 바위는 글자가 새겨진 흔적이 있으나 훼손이 심하고 글이 함몰된 몰자비(沒字碑)이다. 1786년(정조 10) 역모에 가담한 죄로 처형된 구명겸(具明謙) 통제사(1781~1783재임)의 선정비로 추정된다. 훼손된 몰자비에는 어렴풋이 글이 보였는데 계묘 3월, 세세불망(世世不忘 대대로 잊지 말아요)이라고 새겨져 있다.

이 비(碑)에 대해서는 옛날 죽은 통제사가 귀신으로 나타나 억울함을 호소했다는 전설이 전해지고 있어 일명 '귀신비' 또는 '구신비'로 불리었다. 몰자비가 있는 이곳 대한불교 조계종 백우정사 민욱스님은 몰자비에 대해 "향토 사학자들이 함몰된 몰자비 연구를 위해 많이 찾는다."고 이야기한다.

통제사 옛길은 산세가 수려한 도덕산과 벽방산 줄기의 산 중간으로 깊은 계곡에는 티 없이 맑은 물이 흐르고, 대한불교 조계종 백우정사가 둥지를 틀었다.

통제사 옛길은 나와 인연이 깊다. 고성 농고 시절인 1960년대 후반, 여름 방학 때에는 어김없이 한티재(일명 한퇴골)를 찾았다. 학교 여름 방학 숙제로 산야초를 베어 말린 후 건초 60kg를 학교에 가져가야 하기 때문이다. 건초는 논(畓)이 50마지기나 되는 농고에서 건초를 퇴비로 활용하기 위해서다. 이를 위해 무더운 여름 아침 일찍 도시락을 싸 들고 동네 친구들과 험준한 한티재를 오르며 3km 거리의

한퇴골로 향한다.

옛 삼도수군통제사가 한양을 오갈 때 쉬었던 한티재의 도덕산 기슭에는 억새풀 등 초목이 무성하였다. 한 며칠 풀을 베어야 건초 목표를 달성할 수 있다. 억새풀 등을 베어 일주일 정도 말린 후 지게에 한 짐 지고 경사진 산길을 힘들게 내려왔다. 건초는 고교 몇몇 선후배들과 소달구지에 싣고 20리 길의 학교에 가져갔다.

이러기를 3년, 통제사 옛길은 지금도 그때 큰 바위 아래 평평한 곳에 지게 자리를 잡았던 일들이 아련한 추억으로 떠오르나, 50년이 지난 지금은 나무가 크게 자라 산에 들어갈 수가 없고 울창한 숲으로 혼자서는 을씨년스럽기만 하다.

통제사 옛길은 도산면 원산리 원동마을 입구에서 한티재를 넘어 관덕리 한퇴마을까지 이어지는 임도로 차량이 다닐 수 있다. 숲이 우거진 아기자기한 고갯길의 통제사 옛길은 통영문화원의 역사 문화 탐방코스로 활용하고 있다. 그러나 통제사가 걸었던 원초적 오솔길은 나무와 잡초가 크게 자라 다니기가 어렵고 시간이 흐를수록 잊혀 가고 있다.

조선 시대 삼도수군통제사가 한양으로 오갈 때 걸었던 통제사 옛길을 걸으며 역사적 의미를 되새겨 보자. (2017)

지득(地得)

부모 유산으로 이순 후반의 나이에 논과 밭을 받았다. 실로 결혼한 지 40년 만으로 고마울 따름이다. 아버지를 일찍 여읜 나에게 어머니는 살아생전에 유산을 생각조차 하지 않았었다. 어머니마저 돌아가시고 형님도 칠순 중반으로 내 몫을 찾기로 했다.

부모님 기일에 가서 이야기하기로 마음먹고 아내에게 이야기를 했다. 아내는 신혼 당시 부모 유산을 거론했었다. 그때는 어찌 된 영문인지 부모 유산을 주라는 마음이 내키지 않았다. 부모 기일 날 아내가 음식준비 하느라 큰댁에 일찍 가 형수에게 이야기를 하였더니 주겠다는 언질을 받았다. 나는 부모 기일 밤 형님하고 이런저런 이야기하느라 꺼내 보지도 못하고 돌아왔다.

그다음 날 오전에 형님한테서 전화가 걸려 왔다. 형님은 '모시라페'논 하고 부모 묘소가 있는 밭을 이전해 가라는 것이었다. '모시라페'논은 주택가가 있는 들판으로 절대 농지가 아닌 상대 농지로 절대 농지보다 값이 더 나가는 논이다. 부모 묘소가 있는 밭을 주는 것은 부모 묘소를 잘 관리하라는 의미로 해석된다. 땅 한 평 없는 나에게는 천금 같은 일이다. "예 형님 그러면 내일 인감증명 발급받으러 집에 갈게요." 하며, 이튿날 점심 먹고 가니 형님은 낮잠을 자고 있었다. 형님을 차에 모시고 면사무소에서 인감증명을 발급받고 법원 앞 법무사 사무소로 가 이전 등기수속을 밟았다.

형님은 2번의 특별조치법 때 동생들에게 이야기도 없이 아버지 명의의 재산을 이전 등기를 했었다. 지금은 부모 유산에 대해서는 민법상 공동상속을 원칙으로 하고 있다. 올해로 농사를 지은 지 4년 차로 농사일이 서툴다. 어느 해는 모심기 전 밑 비료를 많이 해 벼가 쓰러져 절반만 했더니 영양부족으로 초기 모가 잘 자라지 않아 이삭 비료를 많이 하였더니 비료 과다로 벼가 쓰러져 멸구까지 들어 농사를 망칠 정도로 수확량이 감소됐다.

농촌의 고령화와 영농의 기계화로 옛날보다 농사일이 농기계로 하지만 농사는 역시 힘든 일이다. 지금 농촌에는 모내기가 한창이다. 어릴 적 농사는 소(牛)와 쟁기와 인력으로 논을 갈고 모내기를 했었다. 모내기를 할 때 남자들은 묘판에서 찐 볏모를 한 바지씩 지고 심을 논에 옮겨 놓고 모심을 준비를 했다. 모내기는 한 농가에 부녀자 20여 명이 하루 종일 물 논에서 볏모를 심었다. 그때 부녀자들은 20대에서 30, 40대로 모내기에 천부적인 소질로 손놀림이 빨랐다.

모내기 하는 날 주인은 새벽 읍내장에서 장을 봐 와 '못밥'을 준비했다. 못밥은 준비도 많이 하거니와 먹기도 많이 먹었다. 그렇지 않으면 허리가 접치고 허기가 빨리 들어 일을 못 해낸다. 보릿고개 시절인 그때는 쌀밥인 '못밥'을 그리워했다. 이때는 이웃 사람들을 초청해 점심을 함께했다. 오후에는 아픈 허리를 달래려고 아낙네들의 뽕짝조의 곡조가 논 자락을 맴돈다. 들판에는 여기저기서 못줄 넘기는 소리가 메아리로 들렸다. 한평생을 농사일에만 전념한 그때의 주역들이 지금은 허리가 꼬부랑 할머니로 유모차에 의지하지 않으면 다니기가 힘들다.

영농의 기계화로 논일, 모내기, 가을걷이에 이어 최근에는 논두렁까지도 농기계로 한다. 농사일을 농기계로 하지만 여름 뜨거운 불볕이 쨍쨍 내리쬐는 가뭄에는 논에 물 대기 전쟁으로 매우 힘들다. 농민들은 자고 나면 괭이를 둘러메고 들판으로 나간다. 논에 병충해가 들었는지, 두더지가 논두렁에 구멍을 내어 물이 흘러가지는 않았는가 하고 매일 모가 자라는 상태를 확인한다.

나 또한 자가용을 타고 10km나 떨어진 논을 둘러보러 가지만 기름값 영농비 등을 계산하면 농사는 본전 정도다. 수확한 알곡은 바로 산물 상태로 정부의 미곡종합처리장에서 받아 주어 편리하다. 반면 알곡을 말려 매상하는 것보다 가격은 떨어지나, 대부분의 농민들은 미곡종합처리장에서 산물로 받아 주는 이 제도를 택하고 있다. 정부는 농민을 위한 직불금제도와 딸기 등 타 작물 재배를 전환하도록 권장하고 있지만 현실은 쉽지 않다. 어렵게 구슬땀 흘리며 일하는 농민들을 생각해서라도 정부의 추곡 수매가와 쌀값이 현실화되었으면 한다. (2015)

보릿고개

보릿고개, 초근목피(草根木皮)라는 말이 예사로이 화두(話頭)로 나오던 시절이 있었다. 풀뿌리와 나무껍질로 연명(延命)하며 살던 때의 이야기이다.

1960년대를 회상해 보건대 의복은 무명베와 삼베가 주종으로 추운 겨울이면 무명으로 짠 내의에 바지저고리면 족했다. 각종 행사장에서 찍은 사진을 보면 머리에는 갓을 쓰고 흰 무명바지 저고리에 두루마기를 입고 있는 것을 볼 수 있는데 그 시절에는 요즈음같이 보온이 제대로 된 옷은 없었다. 무명실로 짜서 신는 양말은 들로, 산으로 농사일과 땔감나무를 하러 다니다 보면 금방 헤어져서 구멍이나 어머니가 꿰매어 주면 또 신기도 했다.

농촌에는 목욕탕이 없어 때로는 소죽을 끓이고 난 더운물에 손발을 씻었다. 이때 때를 벗기기 위해 몽돌 같은 돌로 손등을 문지르기도 하고는 그 돌을 다시 쓰기 위해 구석진 곳에 놓아두기도 했다.

절대 빈곤의 시절 보릿고개를 넘기기 힘들 때 사정이 조금 나은 집에서 양식을 꾸어다 먹고 보리 수확이 끝나면 갚아 주곤 했다. 고구마를 굽고, 삶아 먹을 정도라도 되면 그나마도 다행이다.

김치나 콩나물에 국물을 흥건하게 부어서 국밥이라도 배불리 먹을 수 있었으면 이 또한 족하다. 가끔 읍내 장날에 가서 돼지고기를 사와 국을 끓여 국그릇에 돼지고기 한두 개가 동동 떠다녀도 만족했었다.

가마솥에서 밥할 때는 보리쌀 위에 쌀을 조금 놓는다. 식구 많은 집 아침 밥상에 보리밥이 보통이고 쌀은 할아버지, 아버지 몫이다. 명절이나 생일에는 그래도 흰쌀밥에 생선에 미역국 맛을 본다. 또 명절에는 뻐대기 떡을 한 시루하여 보름 동안 먹는 것도 만족해했다.

제일 배불리 먹는 날은 모내기하는 날이다. 몸을 숙였다 일어섰다를 반복하면서, 무논에 모를 심어 나가는 작업은 보통 힘든 노동이 아니다. 배가 고프면 허리가 접치는 등 모심기 때에는 그래서 적게 먹고는 도저히 일을 이겨 낼 수가 없어 가주(家主)께서는 일꾼들의 숫자에 따라 넉넉히 식사를 준비한다.

밤에 자다가 제일 반가운 것은 이웃집이나 친척 집에서 제사를 지내고 나누는 제사 멧밥이다. 새벽 2시경에 광주리에 밥과 떡, 고기, 나물, 과일을 "제사 멧밥입니다" 하고 인기척을 내며 가져다주면 그것처럼 반가운 것이 없었다. 제사 음식은 다른 음식에 비하여 유별나게 맛도 있었다.

주택은 어떠했는가. 보통 3칸짜리 목조 초가집이었는데 위채, 아래채에 잿간, 화장실, 퇴비실 등을 겸한 가데기가 한 채 더 있을 정도다. 아침저녁으로 마당 쓸기와 가축 돌보느라 식구들 모두가 분주하게 움직였다.

그때 가족은 아들딸이 보통 7명으로 부모와 모두 10여 명으로 대가족이다. 정부에서는 급기야 산아제한을 계몽했다. '생긴 대로 낳다 보면 거지꼴을 못 면한다.'고 말이다.

가을철이면 초등학교 운동회가 어김없이 열렸는데, 이날은 온 동네가 잔칫날이다. 운동장에는 만국기가 펄럭이고 스피커에서는 경쾌한 행진곡이 울려 퍼지면서 운동회 분위기는 무르 익어간다. 하늘은 드높고 맑아서 벌써부터 마음은 들떠 있고 결실의 계절을 맞이하여 들판은 오곡백과가 노랗게 물들고 풍년을 기약한다.

내가 다니던 300명이 전교생인 도원초등학교 운동회에서는 공 구르기, 뜀틀 경기, 단체 맨손체조, 학부형 참여경기, 고학년이 되면 덤블링, 기마전이 열린다.

달리기에서는 1등은 공책 2권, 2등은 공책 1권, 3등은 연필 1자루로 4~6등은 그 상도 없었다. 어떤 학생은 6년 내내 운동회 때 연필 한 자루 못 타 보고 졸업을 했단다. 운동회의 마지막 하이라이트는 청백전으로 4명의 선수로 구성된 400m이어달리기 경기다. 약간 뒤처진 팀이 주자 바통을 이어받아 상대 팀을 앞지를 때 운동장에서는 터져 나갈 듯한 응원의 함성이 쏟아진다.

주력이 좋은 선발된 선수들이 달릴 때에는 발이 보이지 않고 계속 달리는 모습이 지금도 눈에 선하다. "야아 …" "청군 이겨라" "백군 이겨라" 지금도 그 경기장 모습을 떠올리면 큰 함성으로 귓전에 울린다. 운동회 다음 날 되면 많은 학생들이 몸 곳곳에 근육은 뭉치고

목은 잠겨서 통증을 호소한다. 그래도 모두 마음만은 즐거웠다.

그러나 1980년대의 산업화와 경제성장으로 도시로 떠난 사람들로 농촌의 인구는 감소되고, 학생 수마저 줄어들어 농촌의 학교는 대부분 폐교되었다.

그 어렵고 힘든 60년대를 회상해 보는 이유는 그때 그 시절이 없고서는 오늘의 밝은 미래가 없었을 것이기 때문이다. 이러한 기회에 그런때가 있었다는 것을 반추(反芻)해 보고 앞으로 생활해 나가는데 조금이나마 거울이 되었으면 하는 바람이다. 지나고 보니 시행착오는 없었는가, 잘못은 없었는가, 판단하고 계속 발전해 나가는 것은 미래세대의 몫이다.

『수필문학』과의 인연

월간 『수필문학』으로 문단에 등단한 지도 오랜 세월이 흘렀다. 우연한 기회에 수필문학과의 인연을 맺어, 그 당시 초회추천에 이어 몇 개월 만에 천료등단하였다. 등단평에서 갈석 강석호 회장님께서 추천사를 해주어, 그때의 순간을 잊지 못하고 늘 존경해 왔다.

2005년 5월 서울 수운회관에는 천료등단한 전국의 초년생 등단작가들과 그의 가족들. 수필문학회원들로 회관을 꽉 메워 등단을 축하해 주었다. 그러나 10여 년이 지난 지금 책 한 권 출간 안 했으니 아이러니하다.

하지만 문단에 등단한 것을 자부심으로 여긴다. 이를 계기로 해마다 열리는 전국 하계 『수필 문학』 세미나에 여러 차례 참석하는 기회를 가졌다. 당시 강석호 회장께서는 왕성한 활동을 하시던 때로 세미나에 참석하면 나의 이름을 부르며 반갑게 하였다. 맨 처음 참석한 곳이 구미에 있는 농협 연수원이다. 통영에서 수필문학회원 등이 참석하여 세미나에 이어 저녁에는 경북, 대구 문우들과 어울렸다. 또 부안 변산반도 콘도에서 세미나가 개최되었다. 통영에서 출발 남해안고속도로를 거쳐 광주를 지나 시간에 맞춰 도착하였다. 문

우들과 파도가 출렁이는 격포 해변을 거닐던 추억들을 잊을 수 없다. 콘도에서 아침에 자고 일어나니 방 안까지 파도 소리가 들리듯 아름다운 해변이었다.

세월은 흘러 2014년 10월 갈석 강석호 회장님이 어릴 적 뛰놀며 문학의 꿈을 키우던 고향 하동에서 문학기념비 제막식이 있었다. 기념비는 하동군 금성면 나덕리 하동 앞바다가 내려다보이는 나지막한 언덕에 자리했다. 한국 문단의 수필 문학이란 한 장르를 일구어낸 수필의 대가이신 강석호 회장님의 문학기념비 건립은 현재에도 자랑스러운 일이 아닐 수 없으며 먼 훗날 후세까지 한국 수필 문학사에 길이 빛날 것이다. 문학비는 약 2m 높이의 자연석에 선생님의 문학세계와 지난 40여 년간 활동한 문학적 업적을 남겼다.

문학기념비에는 그의 가족사와 갈석 선생님의 대표작 「흔들리는 나뭇잎」이 새겨져 있고 기념비 건립에 함께 뜻을 모은 문학동인들의 이름이 빼곡히 적혀 있어 문인으로 걸어온 삶의 흔적들을 한눈에 볼 수 있었다.

문학비 제막식에 이어 이날 오후 4시 하동문화예술회관에서 2014

년도 수필문학추천작가회 동인지 출판 기념회를 겸한 선생의 문학 세계를 되돌아보는 세미나가 열렸다.

2019년에는 몇 년 만에 1박 2일 하동세미나에 참석하는 기회를 가졌다. 갈석 강석호 선생님의 1주기 기념으로 하동 화개면 쌍계사 입구 지리산 자락에 자리 잡은 A리조트에서 열렸다.

쌍계사와 불일폭포를 아내와 종종 탐방하였지만 하동군 화개면에 있는 켄싱턴리조트는 처음으로 문우들을 만난다는 설렘 속에 기대가 부풀었다. 수필문학회원들과 인사를 나누며 대화의 장에서 의미있는 시간을 보냈다. 이날 갈석 강석호 선생 1주기 추모와 오경자 수필문학회장 인사에 이어, 갈석 수필세계 「긍정의 미학」 주제 발표로 고려대 김인환 명예교수의 강의를 들었다. 아깝게도 1박 2일을 함께 하지 못하고, 익일 날 통영에서 첫차로 아내 서울병원 가는 날이라 저녁밥만 먹고 돌아왔다.

문단에 등단한 경력으로 내 고향 통영시 도산면의 역사, 문화, 주민의 생활사를 집대성한 도산면지(道山面誌) 편찬에 중책을 맡았다. 면지 편찬 사무국장 겸 주필과 사진까지 맡아 2년 6개월의 산고 끝에 2018년 12월에 면민들의 성황 속에 뜻깊은 출판 기념회를 가졌다. 이 모두가 수필 문학의 힘이라 생각된다.

글을 쓴다는 것은 아무나 할 수 없는 일로 인고의 고통이 따르기 마련으로 자기만의 노력과 성찰이 필요하다. 항상 인자한 모습으로 수필 문학을 창시한 갈석 선생을 기리며 『수필문학』은 생활의 활력소가 되고 있다. 매월 발간되는 『수필문학』의 소식과 책을 보며 수필의 세계가 아름다운 인연으로 회자되고 있다. (2020)

추억의 마라톤

마라톤은 자신과의 싸움으로 끈기와 인내 없이는 할 수 없는 경기로 먼 길을 달려 완주 시에는 해냈다는 성취감에서 자신감을 가진다. 마라톤은 오랜 시간을 달리는 만큼 근육에 무리를 줄 수 있고, 비교적 짧은 거리라도 다리나 어깨에 경련이 올 수 있기 때문에 반드시 준비운동을 하는 것이 중요하다. "함께 가면 멀리 간다"는 말이 있듯이 혼자서는 외로운 싸움이다. 여럿이 함께 달리다 보면 서로 경쟁심을 유발하여 쉽게 포기하지 못하고 좀 더 멀리 달릴 수 있다.

마라톤 코스는 풀코스, 하프코스, 10km, 5km로 요즈음은 각 지방자치 단체마다 대회를 개최하고 있다. 나의 마라톤과의 인연은 1960년대 후반으로 거슬러 올라간다. 고등학교를 농촌의 집에서 20리 길을 걸어서 다녔다. 집에서 고성 학교까지는 국도(國道)를 따라 무거운 책가방을 들고 다녀야 했었다. 그 당시 통영과 고성 간에 도

로가 비포장 굴곡 도로로 시외버스가 통영에서 고성까지는 약 1시간이 걸렸고, 배차 시간도 1시간 간격으로 운행되었다. 겨울철에는 버스가 지나칠 때는 도로에는 흙 먼지 투성이로 어떤 때는 논밭으로 피하기도 하는 등 힘들게 학교를 다녔다.

학교 개교기념일에는 전교생을 대상으로 어김없이 마라톤 대회가 열렸다. 마라톤 코스는 고성읍 교사리 학교에서 출발 고성 읍내를 경유 월평리 철성초등학교 앞까지 왕복 12km다.

학교를 걸어서 다녀 인내심을 키운 나는 400여 명이 달리는 개교기념 마라톤 대회에 참가했다. 처음에는 중간치에서 뛰다 고성읍을 지나서 속도를 내어 반환점을 돌 때는 10위권 안에 달리고 있었다. 고성읍 말티고개를 지나면서 속도를 유지하여 5위를 차지했다. 그것도 7위로 들어왔으나 2명이 부정선수로 탈락하는 바람에 5위 상품으로 당시 유명한 다이알 비누 한 세트를 받았다.

졸업 후 1969년 향토예비군 창설기념일에 내 고향 도산면에서는 예비군 마라톤 대회가 열렸다. 코스는 도산중학교를 출발 덕치마을 고개까지 왕복 코스로, 그 무거운 M1총을 들고 달리는 경기로 여간 힘든 일이 아니었다. 우리 마을(도산면 도선마을) 대표로 출전한 나는 20개 마을에서 40명이 출전한 대회에서 13위로 들어온 것으로 기억된다.

세월이 흐르는 동안 통영에서 육상경기연맹으로부터 공인받은 통영마라톤대회가 2000년 3월에 도남동 트라이애슬론 경기장에서 개최됐다. 통영마라톤 대회는 2000년 통영국제음악제 부종목으로 채택되어 제14회 대회를 끝으로 막을 내렸다.

도남동 트라이애슬론 경기장에서 3월에 열리는 통영마라톤 대회는 전국 마라톤 동호인들로부터 사랑을 받았다. 대회가 열리는 날에는 전국에서 몰려든 동호인 가족들과 통영을 찾은 관광객들로 붐볐다. 특히 청정바다에서 생산된 통영의 특산물인 굴이 마라톤 대회에서 인기를 끌었다. 굴떡국, 굴전, 굴무침, 생굴 등이 전국의 마라톤 가족들과 관광객에게 제공되어 통영의 훈훈한 인심을 대변하였다.

나는 제1회 통영마라톤대회에 한 직장에서 근무하는 A씨와 10km에 신청했다. A씨는 집에서 종종 무전동 시청까지 6km의 거리를 걸어서 출근하고, 주말에는 배낭을 메고 등산을 하였다.

마라톤 코스는 도남동 트라이애슬론 경기장에서 미수동 세포 고개까지다. 마라톤 코스 중 미수동 해양공원부터는 오르막길로 여간 힘든 코스가 아니다. 둘이서 나란히 출발 완주를 하였지만 2살 많은

A씨보다 뒤 처져 들어와 체면을 구겼다. 10km는 체력에 한계를 느껴, 2회 대회부터는 봉평 오거리까지 달리는 5km에 도전하여 몇 차례 뛰었다.

선친께서도 젊은 시절에 마라톤을 잘했다는 이야기를 어머니와 동네 사람들로부터 들었다. 면민 체육대회나 초등학교 운동회 때 달리기 대회에서 두각을 나타냈다. 릴레이 경기에서는 항상 마지막 주자로 나와 앞선 주자를 추월하면 우레 같은 박수갈채를 받았다고 한다. 또한 고성군민 체육대회 마라톤 경기에 출전하여 2등을 한 상장을 보았다.

조깅을 비롯한 달리기는 달리는 것 자체가 즐거움을 주고 건강에도 많은 유익함을 주기 때문에 대다수의 사람들이 선호하고 있다. 매일같이 달리다 보면 초보자라 하더라도 조금씩 더 오래 달릴 수 있게 되고 체위 향상에도 도움이 될 것이다. (2020)

5

발길 닿는 곳으로

- 스위스의 최고봉 융프라우
- 오누이 문학공원
- 태백산맥 문학관
- 보길도와 윤선도
- 대마도와 조선통신사
- 정지용 시인을 만나다
- 동경과 하코네
- 허난설헌 기념관과 오죽헌
- 강화도와 평화전망대

스위스의 최고봉 융프라우

유럽은 연합국가로 국경이 없는 나라로 모든 나라끼리는 하나의 시장이 되고 국가를 마음대로 왕래할 수 있어 여행하기 좋은 나라다.

2006년 4월 공직생활 정년퇴직을 앞두고 이탈리아, 프랑스, 스위스, 영국 4개국을 부부 10명이 설레는 마음으로 졸업여행을 떠났다. 인천 국제공항에서 이태리행 비행기에 탑승했다. 비행기 모니터에는 이태리 베니스 공항까지 8,882km로 나타났다.

이탈리아는 종교와 물의 나라로 로마에 있는 원형극장 콜로세움과 바티칸 시티에 있는 가톨릭의 총본산인 성베드로 대성당이 웅장하였다.

베네치아에서는 산 마르코 광장과 곤돌라가 빼놓을 수 없는 관광코스다. 곤돌라는 이탈리아말로 '흔들리다'라는 뜻을 가진다. 5~6명을 태우는 관광객 유람용으로 이용되는 곤돌라는 고대의 배 모양을 본떠 만들었는데 선수와 선미가 휘어져 올라가 있고 두 사람의 뱃사공이 노를 젓는다.

베네치아시는 운하가 도로의 역할을 하는 수상 도시이어서 곤돌라는 시내의 중요한 교통수단으로 사용되었다.

이탈리아를 벗어나 프랑스 파리로 이동했다. 파리는 도심을 가로질러 세느강이 흐르고, 에펠탑, 개선문, 베르사유궁전, 루브르박물관 등이 관광코스다. 세느강은 프랑스 북부를 흐르는 대하천이다. 서부 유럽의 핵심이라고 할 수 있는 파리가 이 하천의 중하류 유역에 자리 잡고 있고 세느강은 황토물이 흐르고 있었다.

파리에 있는 베르사유 궁전은 루이 13세가 지은 별장이었으나, U자형 대궁전으로 개축했다.

궁전 중앙에 있던 방을 '루이 14세의 방'으로 꾸며 루이 14세의 형상을 만들어 놓았다. 궁전 중앙부, 예배당, 극장 등을 제외한 주요 부분은 오늘날 역사미술관으로 일반에 공개되고 있다.

루브르박물관은 세계 3대 박물관 중의 하나로 한 해 동안 세계에서 가장 많은 사람들이 방문하는 국립박물관이다. 각국의 미술품 수만 점을 전시하고 있으며 수많은 관람객이 찾아든다. 모나리자상이 루브르미술관에 소장되어 관람객의 발길을 멈추게 했다.

우리는 프랑스를 지나 아름다운 나라 스위스로 접어들었다. 도로 옆 산속 계곡에는 눈이 녹아내려 흙탕물이 흘러내렸다. 천혜의 호숫가에는 집들이 물에 반사되어 이채롭다. 스위스 관광은 동서로 뻗은 알프스산맥의 최고봉인 융프라우다. 융프라우를 가려면 중소도시 인터라켄에서 산악열차로 출발한다. 인터라켄에서 한국인이 운영하는 식당에서 점심을 하고 융프라우로 향했다. 쳐다만 봐도 높은 산과 암벽, 깊은 계곡에 만년설로 감동이다.

융프라우(해발 3,454m)를 가려면 인터라켄에서 두 번의 기차를 갈아타야 한다. 인터라켄 동역을 출발 첫 번째 기차를 타고, 중간역에서 두 번째 기차를 갈아타고 융프라우 정상으로 향한다. 가는 도중 열차가 10분가량 멈춰섰다. 고산지대를 적응하기 위해서라고 한다. 기차가 경사진 언덕을 오르자 풍경도 바뀌었다.

어느새 눈 속에 파묻힌 집들도 사라지고 창문 밖으로 순백의 설경이 경이롭다. 동굴 속의 융프라우역에 도착하니 역 주변은 상가와 식당가에 관광객이 붐볐다. 융프라우 동굴은 미로 같은 길이 여러 갈래로 나 있다. 추위 속에 정상 전망대에 올라 장엄하게 펼쳐진 설원의 향연을 만끽했다.

스위스에서 프랑스로 이동 마지막 여행지인 영국 런던으로 향한다. 프랑스에서 런던가는 고속열차(때제베)에 올랐다. 프랑스와 영국 간의 도버해협은 거리가 35km로 1995년에 해저터널이 개통되어 고속열차를 운항하고 있다.

런던의 명물 타워브릿지(Tower Bridge)는 템스강의 상징적인 랜드마크로 영국 관광의 빼 놓을 수 없는 코스다. 두 개의 도개교가 다리 아래로 배들이 템스강을 지나가도록 높이 들렸다가 다시 내려와 합쳐지는 장관은, 런던에서 가장 인기 있는 광경 중 하나이다. 템스강 하류에 있는 런던 타워브릿지는 1894년에 만들어져 120년이 넘는 시간 동안 런던의 상징으로 많은 사랑을 받아왔다.

또 영국 여왕이 머무르는 버킹궁에 갔으나 낮 12시경에 여왕이

궁전 밖으로 나와 관광객을 접견한다고 하였으나 여왕은 나타나지 않았다. 런던 공항으로 이동해 공항에서 대한항공 매표소를 보니 반가웠다. 비행기가 오는 도중 갑자기 기내가 차가운 느낌을 받았다. 시베리아 상공으로, 창문 아래로 내려다보니 불모지 땅 설원이다. 9일 동안의 유럽여행 즐거운 졸업 여행이었다. (2006)

오누이 문학공원

꽃샘추위가 기승을 부려도 봄은 어김없이 다가와 산야를 초록으로 물들이고 있다. 이제 완연한 봄이다. 벚꽃이 절정인 봄날에 청도 '오누이 문학공원'으로 문학기행단과 함께 문학 탐방에 나섰다.

청도는 두 개의 댐으로 넓은 강에는 강물이 쉼 없이 흐르고 영남 알프스 운문산과 천년 고찰 운문사 등으로 연중 관광객의 발길이 이어지는 고장이다.

'오누이 문학공원'은 우리나라 대표적인 시조 시인 이호우·이영도 남매의 문학 공원으로 동창천과 청도천이 만나는 비피강 언덕에 다소곳이 자리를 잡았다.

이곳에는 오누이 시비(詩碑)와 달무리 시비를 비롯해, 소나무와 단풍나무, 느티나무의 수목과 개나리꽃들이 활짝 피어 유혹하고 있다. 오누이 생가는 공원에서 100여 미터 떨어진 내호리 마을 중앙에 있다. 1910년 경에 지어진 생가는 한옥 기와집으로, 안채와 사랑채가

'ㄱ'자 형으로, 마당은 겨울을 넘긴 메마른 잡초투성이다.

한적한 농촌 마을에 고요함으로 나그네를 맞이하는 생가. 대문은 잠긴 상태이나 문을 열고 들어갈 수 있었다. 안채 옆 감나무에는 새싹이 파릇파릇 돋아나고 집 뒤에는 대나무가 푸른 물결로 다가온다. 감꽃이 필 때면 떨어진 꽃으로 목걸이도 만들며, 오누이가 오손도손 소꿉장난도 하였겠지요. 햇볕이 쨍쨍 내리쬐는 무더운 여름에는 굽이굽이 흐르는 비피 강변에서 물장구치고, 찬 서리 내리는 늦가을에는 붉게 익은 홍시도 먹었겠군요. 시인의 어린 시절로 돌아가 꿈속을 가듯 가물가물 떠오르는 상념들….

생가 입구 마당에는 "이곳에는 '보릿고개' '달무리' 등 민족 고유의 정한(情恨)을 단아하고 섬세한 가락으로 승화시켜 빼어난 시조를 남김으로써 현대 시조사를 한 층 빛낸 이호우·이영도 시인이 태어나고 성장한 자리로 선생의 시온이 살아있는 유서 깊은 곳이다"라고 푯돌에 새겨 놓았다.

이영도 시조 시인과 청마 유치환의 연정은 우리들에게 너무나 잘 알려져 있다.

> 파도야 어쩌란 말이냐
> 임은 뭍같이 까딱 않는데…

얼마나 사랑하였으면 이런 표현을 하였을까? 젊은 나이의 청마 유치환은 정운 이영도를 만나 사랑에 빠진다. 하지만 정운은 청마의 사랑을 받아들이지 않았고 청마는 그녀에게 긴 세월 동안 수천 통의 연서를 보낸다.

아무리 세찬 파도로 들이쳐도 꿈쩍하지 않는 뭍(육지)같은 임. 청마는 자신을 파도에 정운을 뭍에 비유하며 절박한 그리움을 나타냈다.

청마는 "오늘은 바람이 불고 나의 마음은 울고 있다."며 그녀를 그리워하였고, "사랑하는 것은 사랑을 받느니보다 행복하나니라."고 자신의 사랑을 위로했다.

통영우체국에서 연서를 보낸 청마의 연정을 기리기 위해 통영의 한 문학단체에서 통영우체국(통영우체국의 분점으로 지금은 중앙동우체국)을 '청마우체국'으로 개명하기 위해 한때 노력을 기울였으나 반대에 부딪쳐 그 뜻을 이루지 못하였다.

중앙동 우체국 입구에는 "사랑하는 것은 사랑을 받느니보다…" 유치환의 「행복」 시를 책 형상의 돌에 새겨 놓았다. 그 옆에는 청마의 흉상과 「향수」 시비가 놓여 있어 통영시는 중앙동 우체국에서 세병관 입구 도로변까지를 청마거리로 명명해 그의 시온을 기렸다.

흐르는 세월 속에 청마가 교통사고로 세상을 떠나자 정운은 「탑(塔)」이란 시로 청마에 대한 정을 달랬다. 그녀 또한 얼마나 그를 그리워하였으면 사랑이 사리로 맺혀 푸른 돌로 굳은 것일까? 두 사람의 사랑은 익지 않고 늘 푸른 청포도 같은 사랑이었으리라? 매년 10월에는 이호우 · 이영도 시조 문학제가 청도에서 개최되고 있어 현대 시조사를 빛낸 오누이의 문학성을 빛내고 있다. 이영도 시조 시인과 청마 유치환의 연모의 정을 대변한 시를…. (2019)

탑

이영도

너는 저만치 가고
나는 여기 섰는데…
손 한번 흔들지 못하고
돌아선 하늘과 땅
애모(愛慕)는 사리(舍利)로 맺혀
푸른 돌로 굳어라

그리움

유치환

파도야 어쩌란 말이냐
파도야 어쩌란 말이냐
임은 뭍같이 까딱 않는데
파도야 어쩌란 말이냐
날 어쩌란 말이냐

태백산맥 문학관

한적한 농촌 길을 따라 쉼 없이 달려온 관광버스는 어느새 벌교읍 태백산맥문학관에 도착했다. 제석산 기슭 언덕에 태백산맥 문학관이 들어선 벌교읍 회정리는 소설 『태백산맥』이 전개된 주요 무대다.

태백산맥 문학관은 본관과 소설 속 소화의 집과 현 부잣집은 옛 모습으로 복원해 연못과 어우러져 고즈넉한 느낌을 준다. 문학관으로 들어서는 입구 높은 벽에 장식된 옹석 벽화가 유난히 눈에 띄었다. 이 벽화는 우리 민족이 겪은 질곡의 역사를 극복하고 고구려 고분벽화의 모자이크 기법으로 표현했다고 한다.

문화유산해설사의 안내를 받으며 문학관 안으로 들어섰다. 탐방객들은 해설사의 설명을 듣는가 하면 여기저기 사진을 찍거나 메모를 했다. 그의 생애와 문학에 대한 정취를 담아가기 위해선가 보다. 문학관은 2층으로 1층은 소설 『태백산맥』에 관한 내용을 담고 있다. 진열장 속의 1권부터 10권까지의 대하소설 『태백산맥』이 유난히 빛났다.

벽에 걸려 있는 작가의 글귀가 마음에 와 닿았다. 그는 "문학은 인간의 인간다운 삶을 위해 인간에게 기여해야 한다."고 했다. 2층은 작가가 태백산맥을 쓰면서 남긴 흔적을 만날 수 있다. 작품을 취재하면서 입은 옷 직접 사용했던 펜까지 작가의 체취를 느낄 수 있다.

문학관 옆으로는 소설 『태백산맥』에 나오는 무당 소화네 집이 고풍스럽게 자리하고 있다. 작은 예쁜 기와집에 방 셋에 부엌 하나로 부엌과 붙은 방은 안방이고 그 옆방은 신을 모시는 신당이다. 부엌에서 꺾여 붙인 것은 헛간 방이다. 소화네 집은 소설에서 그려진 소화의 모습처럼 정갈하고 아담한 그런 집이다. 소설 『태백산맥』은 이 집의 신당에서 정참봉의 손자 정하섭과 무당 월녀의 딸 소화가 애틋한 사랑을 시작하는 것으로 길고도 아픈 이야기를 시작한다.

현 부자네 집으로 발길을 옮긴다. 제석산 기슭에 자리 잡은 현부자네 집은 일제 강점기에 지은 건물이다. 한옥을 기본 틀로 삼고 곳곳에 일본식을 가미한 색다른 양식의 가옥으로 한 시대를 반영하고 있는 흥미로운 건축물이다. 마루는 조선식, 천장은 일본식이며 지붕 아래 서까래에는 벚꽃 무늬 단청이 되어 있다. 문간채에는 누마루가 있고 앞에는 연못을 배치하였으며 대문채 2층에는 누각을 설치해 놓았다.

조정래의 『태백산맥』에서는 소설 첫 장면에 나오는 현 부자네 집으로 묘사되었는데 조직의 밀명을 받은 정하섭이 활동 거점을 마련하기 위하여 새끼무당 소화의 집을 찾아가면서 현 부자와 이 집에 대한 자세한 묘사가 펼쳐진다. 소화와 정하섭의 애틋한 사랑의 보금

자리이기도 하다.

조정래 작가는 1943년 8월에 전라남도 승주군 선암사에서 태어났다. 서울 보성고등학교와 동국대학교 국어국문학과를 졸업하였다. 그는 대한민국의 대표적인 소설가로 대표작으로는 『태백산맥』, 『아리랑』, 『한강』 등의 대하소설이 유명하다. 그 중에서도 대하소설 『태백산맥』은 우리민족 분단의 연원과 분단의 고착을 살피고 그 안에 내재된 모순의 반성을 통해 분단을 극복하는 곧 통일의 방향성을 제시했다.

『태백산맥』은 첫 연재에서부터 화제를 불러 모았고 20세기 한국인에게 가장 큰 영향을 미친 문학작품으로 주목받는 등 우리 문학사에 거대한 금자탑을 쌓았다.

치열한 작가 정신으로 조정래 문학의 절정을 이룬 『태백산맥』은 시대를 초월해 감동을 주는 것을 넘어 이념의 대립으로 인한 민족 분단의 아픔을 문학으로 승화시킨 영원한 한국문학의 고전으로 우뚝 서게 되었다.

작가로 소설가로 한 시대를 풍미했던 『태백산맥』의 조정래 작가, 그의 강한 의지가 담긴 문학의 발자취는 영원하다. (2018)

보길도와 윤선도

완도에서 뱃길로 30분 거리의 보길도는 횡간도, 노화도, 장사도와 연결된 가보고 싶은 환상의 섬이다. 보길도로 들어가려는 해상 교통편은 완도 화흥소 매표소와 해남 땅끝 매표소에서 한 시간 간격으로 운항하는 카페리호를 이용 노화도 동천항에 기착, 노하도와 보길도 사이에 있는 작은 섬 장사도를 거쳐 보길도로 향한다.

보길도는 섬인데도 높은 산이 있어 하천에는 물이 흐르고 고산 윤선도의 문화유적 등으로 유명세를 타고 있다.

이 섬의 유명 관광명소로는 공룡 알 해변, 글씐 바위, 망끝 전망대, 보죽산, 중리 은모래 해변, 예송 정보화 마을 갯돌해변과 세연정, 윤선도 문학관으로 통영문인협회에서 고산 윤선도의 문학기행을 다녀왔다.

이곳 보길도는 윤선도 문학을 기리는 보길 윤선도 문화축전이 해마다 열리고 있다. 올해는 15회째로 우리가 가는 날이 마지막 축제

행사가 보길면 청별리 보길 면사무소 앞 넓은 물량장에서 열렸다. 주요 행사내용은 보길도 선셋 사랑의 소원달기, 오행시 짓기, 문화행사 윷놀이, 보길도 자연 유적지 사진전, 세연정(洗然亭) 음악여행, 수산물 전시 및 판매, 인기 가수 공연으로 2일간 열렸다.

행사의 백미는 인기 가수 공연이다. 첫날에는 미스트롯 송가인에 이어, 마지막 밤에는 인기 가수 송대관 공연이 성황을 이뤘다. 이날 밤 어둠이 깔린 행사장을 꽉 메운 주민과 관광객들은 송대관이 무대에 오르자 일제히 무대 앞으로 몰려나와 함성을 질렀다. “차표 한 장 손에 들고 떠나야 하네 예정된 시간표대로 떠나야 하네♪……” 하며 근래 보기 드문 떼창으로 광장이 떠나갈 듯하다.

보길도와 인연을 맺은 조선 중기 문신이며 시인인 고산 윤선도는 병자호란 때 왕이 항복했다는 소식을 듣고 울분을 참지 못하고 배를 타고 제주도로 향하다 도중에 풍랑을 만나 며칠 쉬어 가고자 내린 곳이 보길도로, 자연경관에 감동하여 머물렀다고 한다.

보길도는 고산이 51세 때부터 13년간 글과 마음을 다듬으며 「어부사시사」와 같은 훌륭한 시가 문학을 이루어 낸 곳이다. 또한 그가 섬 안의 바위와 산봉우리에 붙인 이름은 아직도 그 흔적이 남아 있다. 많은 책을 쌓아두고 독서하며 자제들을 가르쳤다는 낙서재를 비롯해, 개울가에 연못을 파고 집을 세워 물 흐르는 소리와 신선이 노는 곳의 곡수당, 동천석실, 세연정 등이 그의 삶을 의미한다.

특히 윤선도가 시를 읊고 자연을 노래한 윤선도 원림의 세연정은 담양의 소쇄원과 더불어 조선시대 최고의 정원으로 손꼽히는 곳으로 「오우가」와 「어부사시사」가 탄생한 곳이다.

연못과 어우러진 세연정은 사방으로는 물이 흐르고 수령 500년 된 홍송이 세연정의 오랜 역사를 뜻한다. 이곳 세연정 정자 마루에는 시인, 묵객들이 시조창과 판소리 창을 멋들어지게 들려주었다.

보길도는 조선 숙종 때 우암 송시열의 글씨가 새겨진 바위도 있다. 우암은 세자 책봉 문제로 상소를 올렸다가, 왕의 노여움을 사 83세의 노령으로 제주도로 귀양 가게 되었는데 도중에 보길도 백도리 끝 바닷가의 병풍처럼 생긴 바위에 탄식의 글을 새겨 넣었다고 한다. 이 바위를 '글씐바위'라고 한다.

세연정을 거쳐 숙소로 행했다. 우리가 묵은 숙소는 예송리 정보화 마을이다. 예송리는 보길도 동남쪽의 바닷가 마을로. 연중 관광객 30만 명이 찾는 4계절 휴양지로 길게 뻗은 잔잔한 몽돌해변이 장관이다. 고산 윤선도의 발자취가 서려 있는 보길도, 자연과 사람이 하나가 되도록 한 윤선도의 문학 발자취를 상념해 보는 계기가 되었다.

(2019)

대마도와 조선통신사

대마도(쓰시마)는 통영 홍도 섬에서 50여 km로 한반도와 가장 가까운 일본으로, 섬 전체가 쓰시마 시(市)에 속한다. 시 아래 이즈하라를 비롯해 6개 읍이 있고, 이즈하라에 쓰시마 시청이 있다.

대마도의 길이는 약 50km에 폭은 18km로, 날씨가 청명한 날에는 통영 미륵산 꼭대기에서도 보인다. 대마도는 중앙부의 아소만과 인공적으로 굴착된 만제키세토에 의해 상하 두 섬으로 나뉜다. 섬 전체가 해발고도 400m 내외로 숲이 울창하여 휴양의 섬으로 알려져 있다.

이즈하라항은 대마도의 주요 어항으로 오래전부터 번성하였으며 식당, 상가 등 번화가를 형성하고 있다. 인구는 4만여 명이었으나, 섬을 떠난 사람들로 2020년에는 인구 3만이 무너졌다고 한다. 대마도로 가는 뱃길은 부산 국제항 부두에서 정기여객선이 운항하고 있다.

대마도에 여행갈 기회가 생겼다. 통영시에서 주관하여 통영항에서 대마도까지 요트 프레이드를 벌이는 국제행사를 갖기 위해 일본 쓰시마 시와 업무협약을 가지는데 취재 기자로 동행했다. 대마도 방문단은 통영시장, 통영시의회 의장, 시의원, 기자 등으로 13명이다.

2007년 3월에 부산국제여객선터미널에서 대아고속해운의 공기부양선 '오션플라워' 쾌속선을 타고 대마도로 떠났다. 바람이 많이 부는 춘삼월이라 강풍으로 배가 옆으로 흔들리며 운항했다. 1시간 반 만에 대마도 수도(首都)의 이즈하라항에 도착하여, 언덕에 있는 대아고속 관광호텔에 여정을 풀었다.

산언덕에 있는 호텔 전경은 망망대해로 새해 일출 명소로 일출사진이 걸려 있었다. 이즈하라항 앞바다에는 제법 큰 가오리가 헤엄쳐 다녔고, 항구 안쪽 하천 끝자락에는 수십 마리의 숭어 떼가 놀고 있었으나 누구 하나 쳐다보지도 않는다.

이즈하라에는 해마다 8월이면 조선통신사 아리랑 축제가 열린다. 또 부산에서도 조선통신사 축제가 열려 조선통신사의 역사적 의미를 갖게 한다.

대마도는 조선통신사 첫 도착지로서 조선 시대에 대마도를 거쳐 일본본토까지 가서 외교업무를 보고 오는 데는 60여 일이 걸렸다고 한다. 일본은 다른 나라의 종교가 비집고 들어갈 틈이 없을 만큼 신이 많은 나라다. 수만 개의 신에 수만여 개에 달하는 신사가 있다. 천황숭배와 군국주의를 고무시켜 이웃 나라들로부터 비난받고 있는 도쿄의 야스쿠니신사가 가장 규모가 크다

버스를 타고 한참을 달려 만관교(만제키바시)에 도착했다. 만관교는

대마도를 관통하는 아소만과 미우라만 사이의 만제키세토 운하에 놓여있는 다리다. 만제키세토는 대마도를 상대마도와 하대마도로 나누는 경계로 청일전쟁에서 승리한 일본의 해군이 동 지나해(대한해협)의 제해권을 확보하기 위해 인공적으로 굴착했다.

만관교를 북쪽으로 건너며 상대마도에 들어섰다. 상대마도 에보시타케 전망대에 서면 대마도 판 하롱베이로 불리는 서쪽의 아소만이 한눈에 내려다보여 경치가 빼어나 대마도의 관광 필수코스다. 전망대에는 부산 영도 야경 사진이 걸려 있어 우리나라와 가깝다는 것을 느꼈다.

일본에는 '신사'(神社)가 지역마다 있다. 신사는 일본 고유의 토착신앙과도 같은 신도의 신을 제사 지내는 곳으로 '신도'는 선조나 자연 등을 숭배하는 데서 자연스럽게 출발했다. 아소만 입구에 위치한 와타즈미 신사는 바다의 신인 용왕의 딸 '토요타마히메노미코토'를 모신 해궁이다. 바다에서 신사의 본전까지 이어진 다섯 개의 도리이 중 바다 위에 서 있는 두 개의 도리이는 밀물 때 2m나 바닷물에 잠기며 잔잔한 아소만과 어우러진다.

관광버스가 좁은 고갯길을 힘들게 올라 대마도 최북단에 자리한 한국전망대에 올랐다. 한국전망대는 여행객의 관광명소로 맑은 날에 부산과 통영을 한눈에 바라볼 수 있다. 일제강점기 대마도에 잡혀 온 선조들이 명절 때가 되면 고향 땅을 향해 설움을 달래 세운 전망대 안에 부산 광안리 불꽃 축제의 화려한 야경사진이 걸려 있다. 전망대에서 직통으로 한국과 전화 통화가 가능해 아내와 통화를 했다.

이튿날에는 쓰시마시를 방문했다. 통영시장과 쓰시마시장 간에 대한해협 요트퍼레이드 국제행사 업무협약에 들어가 양 시장 간에 진지한 의견을 교환했다.

이즈하라에는 우리나라 몇 사람들의 공적비가 세워져 있어, 왜 우리 선조들이 대마도를 점령하지 못했는지 아쉬움이 들었다.

2박 3일 일정을 마치고 돌아가는 일만 남았다. 아침에 자고 일어나니 강풍으로 호텔 창문이 타! 타! 타! 소리가 나도록 바람이 강하게 불어닥친다. 부산으로 돌아갈지 의문이다.

이즈하라항과 정반대인 북쪽 항에서 출발이다. 강풍으로 가는 데까지 가기로 하고 파도와 싸우며 배는 출항했다. 대마도로 올 때는 배가 옆으로 놀더니, 부산으로 갈 때는 배가 앞뒤로 흔들거리며 요동친다.

몇몇 승객은 멀미를 하며 고통스러워했다. 옆을 지나는 어선들은 파도가 치면 보이지 않을 정도로 물에 잠겼다. 오션플라워호는 강풍으로 정면으로 오지 못하고 바람을 피해 옆으로 항해 한 시간 반 거리가 무려 세 시간이 걸려 부산항에 무사히 입항하였다. 조선의 통신사가 일본으로 건너갈 때 거쳐 간 대마도 그곳에는 사절단 일행이 머물렀던 유적 등이 남아 있었다. (2013)

정지용 시인을 만나다

산야가 초록으로 무르익어 가던 5월에 정지용을 만나러 나섰다. 차창 너머로 한적한 농촌의 들녘에는 모내기를 위한 농부들의 일손이 분주하다. 쉼 없이 달려온 버스는 문학관이 있는 마을에 도착하였다.

마을은 산과 푸른 들판으로 농촌의 향기가 묻어나고 생가 앞 청석고 아래는 「향수」의 서두를 장식하는 실개천이 흐르고 있었다.

초가지붕의 정지용 생가는 '향수'의 시어 따라 방 안에 있는 소품 질화로와 등잔은 향수를 음미하게 하였다. 문학관 정원에는 연초록 나무숲과 물레방아 등으로 서정적인 향수를 느끼게 하고 단체 관광객들은 문화해설사의 안내가 이어졌다.

넓은 벌 동쪽 끝으로 옛이야기 지줄대는 실개천이 휘돌아 나가고

얼룩배기 황소가 해설피 금빛 게으른 울음을 우는 곳 그곳이 차마 꿈엔들 잊힐리야…

문학관 내에서는 시인의 대표적인 서정시 「향수」 음악이 은은하게 흘러나왔다. 소싯(少時)적 고향 풍경을 이렇게 서정적으로 지어낼 수 있었는지 경이롭다. 문학관에는 시인으로 활동했던 흔적들을 볼 수 있었다.

특히 눈에 띄는 것은 김지하 시인 등 역대 지용문학상을 받은 수상자의 작품과 사진이 걸려 있어 통영의 청마 문학관에도 역대 청마문학상 수상자의 사진 등을 걸어놨으면 좋으련만….

문학관에 있는 연대기를 살펴보았다. 그는 옥천 하계리에서 맏아들로 태어났다. 연못의 용이 하늘로 올라가는 태몽을 꾸었다고 해서 아명(兒名)을 지룡(池龍)이라고 하고, 이름도 지용이라고 하였다.

보통학교를 마치고, 서울로 올라와 휘문고보의 교비생으로 일본 교토의 도시샤 대학 영문과를 1929년에 졸업하고 귀국한 뒤에는 모교인 휘문고보 영어과 교사로 부임하여 해방이 될 때까지 근무하였다.

정지용은 참신한 이미지와 절제된 시어로 한국 현대시의 성숙에 결정적인 기틀을 마련한 시인이라는 평가를 받는다. 본격적인 작품 활동은 1920년부터 1940년으로 일제의 조선 압박이 극에 달한 때였다.

1995년에는 그의 대표적인 작품인 「향수」가 가요로 만들어져 발표되기도 했으며, 2003년 5월에는 이달의 문화 인물로 선정되기도 하였다.

그는 통영과도 인연이 깊다. 해방 후 통영을 방문 청마 유치환의 안내로 미륵산에 올라 한산도 앞바다를 바라보며 통영 기행문 1~6을 남겼다. 그중 「통영 · 5」의 작품은 케이블카가 운행되는 상부 역사 위 신선대에 한려수도를 바라보며 문장비(文章碑)가 세워져 그의 문학적 업적을 기렸다.

문장비에서 시인 정지용은 "한산도 일대의 풍경과 자연미를 나는 문필로 묘사할 능력이 없다. 더욱이 한산섬을 중심으로 하여 한려수도 일대의 충무공 대소 전첩기를 이제 새삼스럽게 내가 기록해야 할 만치 문헌이 부족한 것도 아니다. 우리가 미륵도 미륵산 상봉에 올라 한려수도 일대를 부감할 때 특별히 통영 포구와 한산도 일쪽의 천연미는 다시 있을 수 없는 것이라 단언할 뿐이다. 이것은 만중운산 속의 천고 절미한 호수…"라고 기술했다.

문학관을 둘러보고 나오면서 생가 사립문 앞에 세워 놓은 향수의 구절을 다시 한번 읊어본다. "얼룩배기 황소가 해설피 금빛 게으른 울음을 우는 곳. 그곳이 차마 꿈엔들 잊힐리야…"

동경과 하코네

외국 여행을 중국으로만 많이 가다가 '사드' 여파로 동경 쪽으로 돌렸다. 그렇게 자주 가는 여행은 아니지만 잊을 만하면 가는 외국 여행이다. 여행은 선진국으로 가라는 말이 있듯이 동경으로 3박 4일간의 부부 여행이다. 수십 명의 우리 일행은 관광 여행사 대표와 일어와 영어, 중국어까지 유창한 여성 가이드와 김해국제공항을 이륙 1시간 반 만에 동경 나리따 공항에 도착했다. 공항 입국 수속은 2중 3중 검색으로 까다롭고 시간도 많이 지체됐다.

우리나라 빨리 빨리의 공항 수속과는 너무나 대조적이다. 일본의 첫 느낌은 미세먼지와 황사가 없는 청명한 나라로 미세먼지와 황사로 얼룩진 우리나라와는 대조적이었다.

공항에서 동경 시내로 접어들자 도로에는 차가 많이 운행되지 않았다. 주로 전철을 이용한다는 것이다. 일본은 프랑스에서 '프랑화' 만 통용하듯이 달러도 한국 '원'화도 통용되지 않는 국가다. 오로지

게곤폭포에서 (2017.11)

자국의 이익을 위해 엔화만 사용하도록 한 나라다. 47층짜리 호텔에 여정을 푼 우리 일행들은 3일 밤을 한 호텔에서 잠을 잤다. 무엇이든 작은 것으로 유명한 일본, 호텔방도 예외는 아니었다. 화장실도 몸 돌리기가 불편할 정도이고 화장지 두께도 우리나라 절반으로 근검절약이 몸에 밴 것 같다. 아침저녁으로 온천수를 이용할 수 있어서 부인들은 좋아했다.

남탕에 들어가니 탈의실에 여자 2명이 있었다. 나갈 생각도 하지 않고 계속 머무르고 있다. 청소 일을 하는 사람으로 옷을 벗으니 고개만 돌렸다. 같은 동양인이지만 우리나라와 너무나 대조적이다. 예전에 일어를 2개월 정도 공부해 기본은 알고 있었다. 여행 도중 시내 도로에는 ここから(여기부터) 30km라는 도로표지판을 알 수 있었으며, 상호, 유원지 입장료 안내 등의 일본어를 읽을 수 있었다.

이튿날에는 하코네 방향의 관광이다. 하코네로 가는 차장밖에는 간밤에 내린 비로 후지산에는 눈이 쌓여 있다.

1999년에 공직 시절 통영시 광도면 노산 '유지'에 통영경정장을 유치하기 위해 일본 경정장(競艇場)을 견학했다. 오사카와 동경을 여

동경 하코네의 유황 화산에서 유황이 뿜어져 나오고 있다

행하면서 오사카에서 '신간센' 열차를 타고 3시간 반을 달려 동경으로 왔지만 당시 날씨가 흐려 후지산을 보지 못하였다. 후지산을 중심으로 사방으로 작은 산들이 이어져 있고 일본인은 비교적 안정된 생활을 하는 것 같이 느껴졌다. 약 3000년 전 일본 하코네 화산의 마지막 폭발로 만들어진 오와쿠다니(大通谷)는 유황 냄새와 하얀 연기로 뒤덮여 지금은 많은 국내외 관광객들이 즐겨 찾는 유명 관광지이기도 하다.

오와쿠다니는 동경에서 약 80㎞ 떨어진 곳에 있다. 후지산이 잘 보이고 평소에 화산 가스가 피어오르는 것을 가까이서 볼 수 있어 일본인이나 도쿄를 방문한 외국인 등이 일대 국립공원을 즐겨 찾는다. 2015년에는 대폭발의 위험이 있어 출입금지령이 내리기도 하였으나 유황 활화산 10여 곳에서 하얀 연기가 치솟고 유황 냄새가 코를 진동했다. 해발 2400m의 이곳에는 화산폭발로 대형 호수가 생겨 유람선을 운항하고 있었다.

저녁에는 도요타 자동차 전시장을 관람했다. 1, 2층의 관람장에는 여러 종류의 차량들이 진열돼 있다. 차량 가격은 승용차는 최하 가격이 한화로 3천만 원이다. 셋째 날에는 일본 천황이 살고 있는 '고쿄'(皇居)를 관광했다. '고코'의 정원 격이라 할 수 있는 고코히가시코엔((東皇居御苑)은 강물이 흐르고 넓은 정원에는 소나무 등 조경수가 일품이었다. 때마침 주말이라 천황이 살고 있는 집주변의 강물을 따라 마치 마라톤 대회를 하는 듯이 달리는 시민들이 많았다. 이곳 주민들은 주말에는 이곳을 달린다는 것이다. 2016년 한 해에만 우리나라 사람들이 700만 명이 일본을 여행했다. 부부와 함께한 3박 4일간의 일본여행 영원토록 기억될 것이다. (2016)

허난설헌 기념관과 오죽헌

기대와 설렘 속에 강릉 허균, 허난설헌을 만나러 문학기행에 나섰다. 차창 너머로 초록 빛깔로 물든 농촌의 들녘에는 모내기가 한창이다. 동해의 출렁대는 망망대해를 바라보며 굽이굽이 돌고 돌아 오후 늦은 시간에 허균, 허난설헌 기념공원에 도착했다.

문화유산 해설사의 안내를 받으며 기념공원으로 발길을 옮긴다. 고즈넉한 기념공원은 조선 중기 시서화 삼절을 두루 걸쳐 천재성을 인정받았던 난설헌 허초희와 학자, 문인, 정치가이자 최초의 한글소설 『홍길동전』의 저자 교산 허균과 함께 당대 뛰어난 시재와 문재가 발휘하였던 '허씨 5문장'의 문학성을 소개하고 있다.

허난설헌은 1563년 강릉 초당 생가에서 초당 허엽의 삼남 삼녀 중 셋째 딸로 태어났다. 허난설헌의 이름은 허초희로, 난설헌은 초희의 호로, 난초의 청순함과 눈의 깨끗한 이미지를 따서 난설헌이라 지은 것이라고 한다. 난설헌은 생애에 주옥같은 시 수백 수를 남겼다고 해설사는 전한다.

기념공원에 있는 기념관은 두 오누이의 문학작품을 중심으로 영상 자료와 하곡조천기, 광한전 백옥구상량문, 난설헌집, 국조 시상 등을 음미할 수 있다.

기념공원에 있는 생가는 조선 선조 때 초당 허엽이 살던 곳으로 허난설헌이 태어나고 허균이 살았다. 이곳은 토담과 주변 솔밭이 조화를 이룬 연화부수형 명당으로 알려져 있으며, 짧은 인생을 살다간 난설헌 허초희의 동상도 아담하게 자리 잡고 있다.

강릉 하면 오죽헌을 연상케 한다. 오죽헌은 조선 전기 율곡 이이가 태어난 몽룡실이 있는 별당 건물로 우리나라 주택 중에서 가장 오래된 것 중의 하나이다. 검은 대나무가 집 주변을 둘러싸고 있어서 '오죽헌(烏竹軒)'이라는 이름이 붙여졌다고 한다. 오죽헌은 조선 중기 사대부 주택에 많이 나타나는 별당과 그 평면 형식을 같이한다. 오죽헌을 관람하니 저녁이다.

저녁에는 삼삼오오 짝을 지어 경포해변과 경포호수를 산책했다. 난생처음 걸어보는 경포해변에는 주말이라 관광객이 제법 붐볐다. 어둠이 깔린 백사장을 거닐다가 벤치에 앉은 우리는 A회원에게 「한산섬 달밝은 밤에」 평시조를 듣기로 했다.

> 한산섬 달 밝은 밤에 수루에 홀로 앉아
> 큰 칼 옆에 차고…

출렁이는 파도 속에 음이 끊어질 듯하면서 꺾기의 평시조는 경포해변의 파도 속에 은은하게 들렸다. 우리는 경포해변을 거닐다가 경포호가 바라보이는 '경포카페'에 회원 모두가 다 모여 한 잔의 술과 차를 나누었다. 누군가가 술잔을 들면서 이야기했다.

예로부터 강릉에는 5개의 달이 뜬다고, 하늘에 뜬 달, 바다에 비친 달, 잔잔한 경포 호수에 잠긴 달, 경포대 정자에 앉아 손에 쥐어 있는 술잔에 빠진 달, 마주 앉은 님의 눈동자에 걸린 달이라고 말이다. 이는 그만큼 강릉은 관동 8경 중에 '경포대'가 '제1 강산'으로 강릉이 경치가 빼어나다는 의미다.

경포호가 바라보이는 '제1 강산' 경포대는 주변의 경포해변, 경포 호수와 어우러져 강릉 관광의 백미다. 경포대 누각에 오르니 내부에 제1 강산이라는 현판이 눈에 들어오는 것이 이곳이 관동팔경 제1경임을 알리는 듯하다.

경포대 내부에는 경포대 중건기를 비롯하여 다양한 글씨를 적은 현판들이 걸려 있었다. 이곳에서 B회원이 읊은 시조가 경포대 누각과 조화를 이루어 맛깔스럽게 들렸다. B회원과 A회원은 전국시조경창대회에서 장원의 영예를 안았다. 잠시 제1 강산 누각에서 시간을 보내고 경포대 커피거리 찻집으로 옮겼다. 소문난 찻집 해변은 길게 늘어선 차량들로 혼잡스러웠다.

일상을 벗어난 강릉으로의 1박 2일 문학기행, 경포해변 커피 거리를 마지막으로 추억을 간직하며 하향길로 접어들었다. (2017)

강화도와 평화전망대

통영예술의 발전과 예술인들의 역량 강화를 위해 통영예총지부에서 강화도로 워크숍을 떠났다.

강화도는 우리나라에서 네 번째로 큰 섬이다. 인천광역시 강화군의 강화도는 인구는 6만9천여 명으로 인구가 많은 편이다. 또한 강화도는 고려의 서울인 개성과 조선의 서울인 한양과 가까운 위치에 있는 중요한 지역으로 조선시대 해안선을 따라 군사의 요충지로서 외세의 침입이 잦아, 병인양요, 신미양요 등이 일어난 역사의 고장으로 곳곳에 그 흔적이 남아 있었다.

우리 일행은 먼 길을 달려 오후 늦게 천년고찰 전등사를 탐방하였다. 전등사는 대웅전(보물 178호)에 4여인의 나녀상과 묘법연화경(妙法蓮華經)의 목판, 약사전(보물 179호), 범종(보물 393호) 등으로 그 명성을 떨치고 있다.

예전에는 강화군 석모도로 가려면 차 도선을 이용하였으나 지금

남방.북방 한계선

은 다리를 놓아 버스가 드나들 수 있다. 석모도는 천년고찰 보문사로 관광객의 발길이 이어지고 양양 낙산사, 금산 보리암과 함께 우리나라 3대 해상 관음기도 도량으로 알려져 있다.

우리는 강화도 들판이 내려다보이는 남산 기슭에 자리 잡은 숙소에서 세미나에 들어갔다. 세미나는 한국예총 통영지회장의 인사에 이어, 통영 출신 조석래 전 한양대 국문과 교수가 주재하여 90분 동안 진행됐다.

조석래 교수는 세미나에서 "통영은 해양수산과 전통공예의 관광도시로 걸출한 예술인이 많이 탄생한 예향의 고장이다. 아울러 이충무공의 흔적이 곳곳에 남아 있으므로 이를 관광자원으로 활용해야 한다. 통제영은 충청 · 전라 · 경상도의 삼도수군을 통할하는 통제사가 있는 본진을 말하는 것으로 선조 26년(1593) 임진왜란 당시 이순신의 한산진영(현 한산도)이 최초의 통제영이므로 통제영을 한산도에

강화도 평화전망대에서 바라본 북한 탄동마을

복원해야 한다.

또한 해마다 열리는 한산대첩축제 출정식을 서울 광화문 광장에서 열고 홍보를 해 관광객이 많이 올 수 있도록 해야 한다"고 강조하였다.

세미나에 이어 이튿날은 강화도 민통선의 평화전망대로 향했다. 민통선 입구에는 검문이 시작되었다. 민통선 평화전망대 4층에서 바라본 북녘땅, 남과 북이 한강, 예성강, 임진강이 흐르는 강을 사이에 두고 대치를 하고 있다. 민통선 남방 한계선과 북한의 황해도 개풍군의 북방 한계선과의 거리는 불과 2.3km로 바라만 보아도 가슴이 뭉클해진다. 다행히 날씨가 쾌청하여 저 멀리 북한의 송악산까지 볼 수 있었다.

개풍군은 북한의 곡창지대로 이곳에서 북한 식량 30%가 생산된다고 문화유산 해설사는 전했다. 북녘땅에는 여러 곳에 마을이 보였다. 당두포리 마을, 탄동마을, 해창리 마을 등과 개성 송악산이 바로 눈앞에 있다. 동토(凍土)란 말이 실감 났다. 북한의 산에는 나무도 얼었는가 얼마 보이지 않는다. 겨울에 땔감용으로 채취를 해서일까? 주택은 우리나라 60년대 모습의 오래된 스레트집 같다. 도로도, 차도, 공장건물, 농기계도 안 보이고 반듯한 집 한 채 보이지 않는다. 선전용 위장 마을 2곳이 남쪽을 향해 있지만 사람은 살지 않는다고 한다.

망원경으로 바라보니 10여 명이 모여 모를 심는 것이 눈에 띄었고, 송악산 8부 능선 위로는 암반으로 산 이름 그대로 악산이다. 행복도 희망도 아득히 얼어붙은 북녘땅. 남북이 대치된 상황에서 서로 경계하며 지척의 근거리를 두고도 오도 가도 못 하는 우리 겨레 동포의 아픔을 되새기며 발길을 돌렸다. 우리 민족의 한이 서린 아픔의 역사를 뒤로한 채 여정을 끝내고 돌아오는 우리들의 마음은 애달프다는 찡한 공감대를 느끼게 되었다. (2018)

도산면 해안일주로

6

향토 사랑과 보석 같은 섬

- 통영 명물 음식
- 쾌속선 엔젤호
- 통영 미륵산 케이블카
- 금성호와 충무김밥
- 도산면지를 편찬하면서
- 통영역사와 함께한 남망산 공원
- 천사의 섬 홍도와 흑산도
- 동백의 섬 장사도
- 학림섬 정보화 마을
- 섬나들이호

통영 명물 음식

지방마다 특색 있는 향토 음식이 있다. 각 지방의 향토 음식은 1900년 중반까지는 고유한 맛이 있었으나 점차 산업과 교통이 발달하여 인적 교류가 늘어나서 한 지방의 산물이나 식품이 전국으로 퍼지게 되고, 음식 만드는 솜씨도 널리 알려지게 되어 서울에서도 충무김밥이 유통되고 있다.

전국적으로 일상적인 식생활에서의 음식법은 공통적인 면이 있지만 그 지방에서 나는 토산 식품과 특별한 양념이 보태어져 지방마다 고유한 향토 음식이 전수되어 왔다.

통영의 명물 음식으로 충무김밥, 통영 꿀빵, 물메기탕, 도다리쑥국 등을 손꼽을 수 있다.

충무김밥

충무김밥은 1960년대 부산항에서 충무, 여수를 운항하던 여객선이 충무항에 입항하면 부둣가의 김밥집에서 아낙네들이 여객선에 올라 김밥을 팔았는데 이것이 충무김밥의 시초라 할 수 있다.

육상교통이 지금처럼 발달하지 못한 그때는 충무에서 부산, 여수까지는 각각 3시간 반이 걸리는 여객선을 많이 이용해 남해안의 뱃길이 황금 노선으로, 아낙네들은 여객선 손님을 놓치지 않았다. 심지어 초저녁 부산 가는 여객선은 성포항까지 가면서 여객선 안에서 김밥을 팔고는 성포항에 내려 버스로 돌아오기도 했다.

충무김밥이 유명세를 탄 것은 서울에서 열린 문화축전 국풍81에 충무김밥이 참가하여 수도권 사람들에게 알려지고 매스컴을 타 충무김밥이 알려지면서 충무항 부두 주변에는 김밥집이 많이 생겼다.

이런 과정에서 한때 충무김밥이 상표등록에 휘말려 충무에서 '충무김밥' 상호를 한동안 사용 못했다. 인근 시 주민이 충무김밥을 특허청에 상표등록으로 진작 사용해야 할 충무에서 '충무김밥' 간판을 걸지 못하는 어처구니없는 일이 벌어졌다.

충무김밥은 간편식으로 등산 갈 때나 밭에서 일할 때나 산에서 행사가 있을 때 등 간단하게 이용하고 있다.

대통령직에서 물러난 전직 대통령 A씨도 2013년 5월 통영을 방문 미륵산 케이블카를 타고 문화마당 주변 충무김밥집에서 수행원들과 김밥으로 오찬을 했다. 오랜 세월 동안 향토 음식으로 자리매김하고 있는 충무김밥은 꾸준한 인기를 이어가고 있다.

통영 꿀빵

통영 꿀빵은 서호동 구 충무시청 옆에서 가게를 차린 오미사 꿀빵이 원조다. 1963년 창업주 고(故) 정원석옹이 부인과 함께 집 앞 가판에서 꿀빵을 만들어 팔기 시작했다. 그 후 입소문이 나면서 충무시민들로부터 사랑을 받기 시작했다. 상호가 없었기에 집 옆 세탁소 이름인 오미사를 본 떠 오미사라는 간판을 걸었다. 세월이 흐르면서 오미사 세탁소는 없어지고 꿀빵을 전문으로 하는 오미사 간판을 정식으로 걸게 되었다.

오미사 꿀빵은 1990년대 후반 각종 매체 언론 등을 통해 알려지면서 통영의 명품 꿀빵이 되었다. 이로 인해 관광객이 많이 붐비는 중앙시장 해안 도로변과 문화마당 주변 상가에는 무려 20여 개소의 꿀빵 가게가 생겨 장사가 잘되는 집은 주말에는 관광객들로 문전성시를 이뤘다.

예전에 충무시청 근무 시에 오후가 되면 출출해 동료들과 시청 옆문을 통해 오미사 꿀빵 집에 종종 들렀다. 그때는 부부가 꿀빵과 우동을 팔았는데, 검정색 비슷하게 만든 꿀빵이 크기가 주먹만 했다. 지금의 꿀빵은 그때에 비하면 절반 정도밖에 되지 않는다. 오미사 주인 부부는 인자한 모습으로 말이 없는 편이었다. 오직 장인정신으로 꿀빵에만 전념해 오늘의 명물 꿀빵으로 자리매김했다. 요즈음은 가게 문을 열자마자 꿀빵이 오전에 동이 난다. 그의 아들이 봉평동에 분점을 개업 관광객들과 온라인 등으로 인기리에 판매하고 있어 아들은 설, 추석 명절 등에 불우이웃돕기에도 남다른 선행을 하고 있다.

물메기탕

겨울철에는 통영 연안에서 잡히는 물메기탕이 인기다. 쏨뱅이목

꼼치과에 속하는 물메기는 북서 태평양의 온대 해역에 서식하며 크게 자라 매년 10월이면 남해안 등으로 회귀해 이듬해 3월까지 잡힌다.

겨울에만 생산되는 물메기는 동해에 가면 꼼치, 서해로 가면 잠뱅이 라고 불린다. 물메기 고기 살은 흐물흐물하지만 회로도 먹을 수 있으며 머리의 폭이 넓고 입이 큰 모양이 민물고기인 메기를 닮았다고 해서 물메기로 불린다.

조선시대 어류백과사전인 정약전의 '자산어보'에 따르면 "고기 살이 매우 연하고 뼈가 무르다. 맛은 싱겁고 곧잘 술병을 고친다."고 기록돼 있다.

또 물메기는 비린내가 없고 담백해 숙취 해소를 위한 물메기탕은 내장을 제거한 후 몸통을 듬성듬성 잘라, 다진 마늘, 고춧가루 등의 양념과 무, 미나리를 넣어 국을 끓이면 시원한 맛을 낸다. 물메기는 알을 배는 암컷보다는 몸통이 통통한 수놈이 맛이 좋아 소비자들은 선호한다.

겨울철 식당가에는 미식가들이 물메기탕을 많이 찾는다. 물메기탕은 맛이 시원하고 얼큰해 밥반찬은 물론 간밤에 한잔 곁들인 주당들에게 속풀이 용으로 제격이다. 못생겼지만 맛이 좋은 물메기는 연말연시 술자리 많은 사람들에게는 최고의 해장 음식이다. 칼슘, 철분, 비타민B가 풍부해서 술로 쓰린 속을 달래는 데 최고다.

한때 물메기 주산지인 통영시 산양읍 추도 어업인들은 추도섬 주변 바다 등에서 통발 어구를 이용해 물메기를 잡는데 하루 50마리에서 최고 200마리까지 잡았다. 4개월 정도 조업해 얻는 수익은 1

추도 미조마을 물메기 말리는 풍경(2013. 1.)

척당 수천만 원, 추도 어업인들은 일 년 농사가 물메기 농사다.

그러나 지구 온난화와 생태 변화 등으로 그토록 많이 잡히던 물메기는 최근 잡히지 않아 물메기가 금메기로 변해, 최고가는 한 마리 4~5만 원에 팔리기도 했다. 10년 전 많이 잡힐 때는 추도 미조마을에는 물메기 말린다고 부둣가에서부터 마을 안 언덕에는 온통 물메기 였으나 지금은 그런 풍경을 볼 수 없다. 겨울의 별미 물메기가 추도 바다에 언제 또 풍어로 돌아올지….

도다리 쑥국

도다리쑥국은 도다리와 쑥을 주재료로 하여 끓인 생선국으로 통영의 향토 음식이다. 가자미과의 도다리는 양식을 하지 않고, 제주도에서 겨울을 난 후 남해안 바다로 이동하여 통영 앞바다에 이른다.

제철을 만난 봄 도다리는 살이 통통하여 맛이 좋다.

진달래가 활짝 피고 아지랑이가 전하는 봄소식과 함께 우리 몸도 봄을 탄다. 나른하고 피곤하며 개중엔 식욕까지 달아나게 된다. 이럴 땐 밭두렁에 파릇파릇 올라온 어린 쑥을 뜯어다가 도다리를 넣고 쑥국을 끓이면 은은한 쑥의 향기와 신선하고 담백한 도다리 맛을 느낄 수 있다. 맑고 시원한 국물을 접하는 순간 길고 음산한 겨울이 가고 만물이 생동하는 봄이 왔음을 입맛으로 느낄 수 있다.

해풍을 잔뜩 쐬고 나온 섬에서 올라온 쑥의 향기에 통영 앞바다에서 갓 잡은 도다리가 어울리는 봄철엔 식당 주인들은 도다리쑥국을 권하기도 한다.

동지가 지나면 맛이 떨어지는 물메기탕과 4계절 메뉴의 볼락매운탕만 맛본 식도락가들은 봄에는 도다리쑥국이 으뜸이다. 봄철에는 통영음식점 어느 곳을 가도 "도다리 쑥국 주이소" 하면 약간의 회와 도다리 쑥국으로 통영 봄소식을 식탁에서 만날 수 있다. 식당에서 도다리쑥국 한 그릇은 일만오천 원으로, 봄철엔 통영의 명물 음식 도다리쑥국을 즐겨보자. (2020)

쾌속선 엔젤호

1960년대 부산항에서 충무, 삼천포, 하동 노량항을 경유 여수항까지 운항하던 경복호, 한양호 등의 대형 여객선은 육지 교통이 원활하지 못한 그때는 남해안의 뱃길이 황금 노선이었다. 이들 여객선들은 충무항에서 부산, 여수항까지는 각각 3시간 반이 걸려 고속도로가 생기기 전에는 여객선을 많이 이용했다. 그러나 1971년 남해안의 뱃길에 쾌속선 엔젤호가 취항해 운항 시간이 짧아졌다.

엔젤호는 통영기업체인 ㈜한려개발이 이탈리아에서 도입한 우리나라 최초의 쾌속 여객선이다. 엔젤호는 항해 속력 31노트에 여객 정원은 71명으로 고속 운항시 수중 날개가 선체로 부상하도록 설계돼 2~3m의 비교적 높은 파도에서도 운항이 가능하고 부산~통영을 1시간 30분 만에 주파했다. 1박을 해야 했던 당시 부산 나들이가 반나절로 줄어들어 해상교통의 중추적인 역할을 했다.

엔젤호는 부산은 하루 6회, 여수는 하루 3회 운항하였으며 순풍

사량도에서 관광용으로 전시되고 있는 엔젤 3호

에 돛단 듯 부산까지 짧은 시간 안에 갈 수 있어 엔젤호를 많이 이용했다.

엔젤호는 1988년 서울 올림픽 성화 봉송 수송에도 한몫을 했다. 심천포항에서 통영으로 오는 해상 성화 봉송을 맡아, 항남동 엔젤호 부두에는 천여 명의 시민들이 모여 성화 봉송을 환영했다. 성화 봉송은 통영 시내를 거쳐 고성으로 향했다. 그러나 엔젤호의 순항은 오래 가지 못했다. 부산~여수 간의 쾌속선 뱃길 개척으로 인기를 끌던 엔젤 1, 2호가 1980년 6월 24일에 운항 중 충돌하는 불행한 사고가 발생했다. 이날 오전 8시경 거제시 장목면 잠도 부근에서 통영을 출발, 부산으로 향하던 엔젤 1호와 부산을 떠나 여수로 가던 엔젤 2호가 짙은 안개로 엔젤 1호의 우현 선미 옆구리 부분과 충돌했다.

1호의 객석에 앉아 있던 승객 1명이 현장에서 숨지고, 이로 인해 사상자가 발생하는 안타까운 결과가 발생했다. 엔젤 1, 2호 선실에는 레이다까지 설치되어 있지만 뒤늦게 장애물을 발견 대처하지 못했고 전화기로 된 SSB 무전시설까지 갖추고 있으면서 서로 교신을 하지 않아 사고를 낸 것으로 확인됐다. 이 사고로 선체 수리차 마산 코리아타코마 부두에 계류 중이던 엔젤 2호가 사고가 난 그날 오후에 조난신호용 신호탄 폭발로 불이나 폭발하면서 운항 2년 만에 엔젤 2호는 폐선되어 우리의 기억 속에서 사라졌다.

또 1981년 6월 16일에는 엔젤 5, 6호가 가덕도 앞바다에서 충돌 엔젤호 1, 2호의 충돌사고가 난 지 만 1년 만에 같은 해역에서 충돌하는 사고가 발생했다. 이날 승객과 승무원 등 70여 명을 태우고 부산을 출발, 충무로 가던 엔젤 6호와 승객 승무원 70여 명을 태우고 충무를 출발 부산으로 가던 엔젤 5호가 짙은 안개로 시계가 가린 데다 두 배가 모두 평소와 같은 속도로 운항하면서 주의를 소홀히 한 때문인 것으로 지적됐다.

그러나 엔젤호는 마산~통영 국도 14호선이 1987년 왕복 4차선으로 확장되고 자가용 시대를 맞아 여객선 승객이 급감하자 통영~여수와 부산~통영 노선은 1997년과 1998년 각각 운항이 중단돼 역사의 뒤안길로 사라졌다.

그때 한 부부가 엔젤호와 바다에서 숨지는 일화로 화제가 됐다. 1970년대 후반 A경찰서 모 경찰관이 야간 근무를 끝내고 아침에 교대차 대기 중이다가 사량도 인근 해역에 침투한 간첩선 작전에 출동했다. 간첩선이 사량도 해역에서 척포 앞바다까지 들어와 경비정이 현장에 도착하자 간첩선에서 총격을 가해 서로 간에 총격전이 벌어져 경찰관은 간첩이 쏜 총에 변을 당했다. 간첩선은 고성 하이면 앞바다를 지나 신고 받고 출동한 우리나라 전투기에 의해 남해 미조 앞 해상에서 격침됐다. 그 후 그의 부인도 엔젤호를 타고 부산 가는 길에 엔젤호 충돌로 바다에서 숨지는 사고로 부부가 안타깝게도 바다에서 저세상을 떠났다.

그 당시에는 남해안에 간첩침투가 잦았다. 사량도 인근 해역의 간첩선은, 사량 출신 부자(父子)지간의 어부가 조업 중 바로 옆에 있는 어선이 기관총을 장착해 간첩선임을 알고, 간첩들이 눈치채지 않게 아들이 배가 아프다며 뱃장에서 뒹구는 등 쇼로 현장을 벗어나 신고했다. 그는 신고한 공로로 중앙관계기관에 초청돼 어부에서 체신공무원에 특채되는 행운을 가졌다. 또 1978년에는 남해 미조항에 간첩 5명이 침투한다는 정보당국의 첩보로 야간 잠복 소탕 작전에 들어갔다. 디데이 일에 칠흑같이 어두운 밤에 작전이 전개됐다. 집중총격에 4명은 사살되고 1명은 남해 금산으로 도주했다. 간첩은 산 은신처에서 잠을 자면서 밤에 민가에 내려와 밥을 훔쳐 가 신고되기도 했다. 군경이 장기간에 작전을 펼쳐 산 정상 바위 틈새에서 저항하던 간첩을 사살했다. 이렇듯 섬이 많은 남해안은 간첩침투의 루트였다.

한때 남해안 바다를 누비던 엔젤호는 한 척은 목포항 부두에서 한 척은 사량도에서 잠들고 있다. 사량 면사무소 앞에 전시된 엔젤 3호는 일본에서 도입 1998년 3월에 폐선됐으나 사량면 출신의 전 통영시의회 의원인 A씨가 경락받아 2004년에 관광 전시용으로 활용해 달라며 통영시에 기부채납해 사량도를 찾는 관광객에게 볼거리를 제공하고 있다. 사량도는 한때 옥녀봉 등산로로 연간 관광객

30만 명이 찾는 해양관광휴양의 섬이다.

남해안 뱃길의 황금시대를 맞아 경복호, 한양호, 보성호, 갑성호, 한일호, 금성호 등의 대형 여객선과 쾌속선 엔젤호는 부산, 충무, 삼천포, 여수항까지 운항하던 배들은 추억 속으로 사라졌다. (2020)

통영 미륵산 케이블카

통영의 효자 관광상품인 미륵산 케이블카가 개통돼 대박을 터트리고 있다. 개장 초기 운행 중에는 멈춰서는 우려에도 불구하고 케이블카 하부역사는 연일 관광객들로 북적인다.

2008년 4월 18일 개통된 케이블카는 주말 탑승 인원 최고 만 명으로 신기록을 세우며 11개월 만에 100만 명을 돌파했다. 2016년 4월에는 개장 8년 만에 누적 탑승객 천만 명을 돌파하는 기록을 세웠다. 이는 우리나라 국민 4명 중 1명이 케이블카를 탔다는 이야기다.

천만 번째 행운의 주인공은 남편의 15년 장기근속 휴가차 통영에 가족 여행을 온 경기도 용인시의 정 모 씨다. 정씨에게는 기념 순금 메달(100만 원 상당)과 통영특산물 및 꽃다발을 증정했다.

케이블카 천만 명 시대를 맞아 서호, 중앙 활어시장과 건어물 상회, 꿀빵 가게에는 예전과 다르게 손님이 많았다. 또 케이블카 상부역사가 설치된 한국의 100대 명산 미륵산에서 바라본 한려수도 풍

광이 절경으로 정지용 시인은 "한산도와 한려수도의 절경을 문필로 표현할 수 없다"고 했다.

이토록 케이블카가 국민들로부터 사랑받는 것은 국내 삭도 가운데 최장거리에다 상부 역사에서 바라보는 한려수도의 비경이 빼어나기 때문이다.

또 미륵산 정상에서 바라보면 통영항에서 한산도, 욕지도, 사량도 등으로 출항하는 여객선으로 통영항의 정취가 홍콩항 못지않다는 평이다. 관광객 유치에는 대전 통영 간 고속도로로 편리한 접근성, 싱싱한 회 등의 풍성한 먹거리, 콘도, 리조트, 호텔 등의 고급 숙박 시설이 한몫을 하고 있다.

하지만 미륵산 케이블카는 사업 추진과정에서 질곡의 긴 터널을 헤매는 난항을 겪었다. 대형 프로젝트사업에는 반대 의견이 있기 마련, 1999년 8월 통영 모 지역 신문에 「미륵산에 웬 케이블카」라는 어느 건축사의 기고로 시작된 케이블카 설치 반대 움직임이 시작됐다. 이를 계기로 거제환경연합운동을 비롯해 교사, 변호사, 일부 시민이 가세하여 '케이블카 반대 모임'을 결성했다.

이들 모임의 주장은 미륵산 환경파괴, 산 8부 능선 통영 병꽃 군락지 훼손, 케이블카 경제성 결여 산 정상 공간 협소로 천 명의 관광객을 수용할 수 없고, 불교의 성지 미륵산에 쇠말뚝을 박을 수 없다는 등의 이유를 내세우며 끊임없는 반대 운동이 지속됐다.

당시 통영시 문화관광과 관광개발 팀장으로 막중한 책임감을 느끼며 이들이 주장하는 내용에 대해 초기에는 반박하는 시민홍보를 펼쳤다. 각 기관단체의 회의 석상이나 각종 교육장 등에서 케이블카의 당위성과 반대 의견에 대해 부당하다는 시민 홍보를 했다.

이러는 과정에서 반대 단체에서는 봉래 극장에서 불교 신도 등과 반대모임 발기인대회를 가졌다. 반대 모임의 모 고등학교 교사는 케이블카 설치를 무산시키고 이 자리에서 축배를 들자고 했다.

이날 봉래 극장에 참석한 100여 명은 토성고개, 북신사거리를 거쳐 시청까지 가두시위를 하고는 반대 모임 A씨는 문화마당에서 삭발까지 하는 퍼포먼스를 벌였다.

1999년 10월에는 미륵산 8부 능선 신선대에서 시민과 미래사 불교 신도 등 100여 명이 참석한 가운데 통영시와 반대 모임 간에 케이블카에 대한 산상토론회를 가졌다. 반대 측에서는 경남대 환경분야 B모 교수와 시에서는 총무국장, 관광기획단장이 나서 열띤 공방을 펼쳤다.

이어 남망산 시민문화회관에서 시민 등 800여 명이 참석한 가운데 시민 대토론회가 열렸고 또 시청 강당에서 케이블카 기본 계획 타당성 조사에 대한 토론회가 오후 5시에 시작해 밤 10시까지 무려 5시간 동안 진행됐다.

당초 케이블카 명칭도 '미륵산 케이블카'로 하였으나 환경운운 등으로 '한려수도 조망케이블카'로 선로 기둥도 산 중간에 하나를 세우는 등 당시 급박했던 상황들을 엿볼 수 있다.

미륵산 케이블카의 중요성을 감안해 시장은 1999년 11월에 시 문화관광과에 케이블카 업무만 전담하는 '관광개발계'를 신설했다.

이렇듯 미륵산 케이블카는 수차례 난항을 거듭하면서 2002년 12월에 국, 도비 등 270억의 사업비로 착공, 5년간의 대역사 끝에 2007년 12월에 완공 삭도 검사, 안전성 검사를 거쳐 6개월간의 시험운행으로 2008년 4월 18일에 그 역사적인 준공식을 가졌다.

케이블카 개통으로 관광객이 늘어나자 관광객들로 만원을 이룬 미륵산 정상이 견디다 못해 무너졌다는 농담 끝에 양심이 있는 관광객은 그렇지 않다고 하자 "그러면 그렇지 그 미륵산 정상 주변이 얼마나 넓은데 무너질 리가 있나 하고 딴 관광객이 말을 받았다"고 한다. 세종 때 영의정을 지낸 황희 정승의 기발한 말솜씨가 여기에 적용되었다는 믿거나 말거나 한 얘기가 있다.

미륵산 케이블카는 개통 후 하루 탑승객 만 명이라는 대박을 터트리자 여수, 사천, 목포시 등 지자체에서 통영시를 방문 케이블카 벤치마킹을 하기도 했다.

통영 관광 1호로 자리매김하고 있는 미륵산 케이블카의 영원한 번영을 기대해 본다. (2016)

금성호와 충무김밥

1960년대의 충무항은 남해안 뱃길의 중심지였다. 부산항에서 전남 여수를 오가는 여객선의 중간 기착지로 충무항에서 부산, 여수항까지는 각각 3시간여가 걸렸다. 남해안고속도로가 생기기 전에는 부산에서 여수를 운행하는 버스가 남해안의 뱃길보다 더 많은 시간이 걸려 부산과 여수 간의 항로는 이용객이 많아 황금 항로로 바다의 실크로드다. 육로교통보다 시간이 덜 걸리는 여객선은 1973년 11월 남해고속도로가 개통되기 전까지 주로 이용하였다.

부산항을 출항, 거제 성포항, 충무항, 삼천포항, 하동 노량항, 여수항을 운항하던 여객선은 대형급으로 추억 속으로 사라져 지금은 이름만 들어도 옛 추억이 떠오른다. 보성호 · 경복호 · 갑성호 · 금양호 · 흥안호 · 금성호 · 한양호 등으로 승선 정원은 300여 명이다.

그러나 이들 여객선의 항해는 순탄하지 않았다. 1967년 1월 14일 밤 부산과 여수를 오가던 정기여객선 한일호와 동해안에서 경비를

금성호가 드나들던 1960년대의 통영항

마치고 진해항으로 돌아가던 해군 구축함 충남 73함이 부산 가덕도 서북방 해상에서 정면으로 충돌했다. 이 사고로 한일호에 타고 있던 승객과 승무원 106명 가운데 12명만 살아남고 94명이 사망하거나 실종됐다.

한일호는 충돌 후 10분 만에 침몰되고 영하 7도의 강추위 속에서 3시간 반 동안 헤엄쳐 기적적으로 살아난 여인이 있었는데 이들은 모두 해녀였다고 한다.

대형 여객선들이 부산 여수를 오가던 그때 충무항에서 한산도와 도서지구로 운항하던 연안 여객선도 섬 주민들의 해상교통에 한몫을 했다. 한산도는 비진도, 용초도, 죽도, 진두마을 등을 운항하던 신천호와 천신호가, 욕지도에는 신성호와 동일호가, 사량도에는 명성호가 운항하였다. 사량도는 철선 사량호가 삼천포항을 운항하였으며, 1972년 초에는 부산항에서 거제 성포항, 충무항을 거쳐 남해 미조항까지 운항하던 '페리호'가 사량도 동강항에 정박하였다. 또 동호항에서 거제 둔덕으로는 둔덕호가 운항하였다.

충무항은 이들 여객선들의 운항으로 뱃고동 소리가 끊이지 않는 낭만적인 항구였다. 부산항에서 출발한 여객선이 동호동 장좌섬 앞을 지나칠 때는 붕~붕~ 하며 뱃고동 소리를 울렸다. 배 떠나는 싼판에는 서로 이별을 아쉬워하며 손 흔드는 모습을 볼 수 있었고, 강구안 부두에는 김밥을 파는 아낙네들이 문전성시를 이뤘다. 여객선이 충무항에 들어오면 김밥을 광주리에 담아 여객선에 올라 이 방 저 방으로 다니면서 김밥을 팔았다. 이렇게 시작한 김밥이 충무김밥의 시초라 할 수 있다.

충무김밥은 여타 김밥과는 달리 속에 반찬을 넣지 않는 것이 특징이다. 대신 참기름을 바르지 않은 김으로 손가락만 하게 싼 밥에 깍두기와 오징어무침을 곁들여 나와 여객선 손님에게 한 끼 식사로 제격이었다. 당시 멸치어장에서 잡히던 주꾸미와 호리기 그리고 홍합과 무김치를 대나무 꼬치에 끼워서 김밥과 함께 종이에 싸서 팔았는데 배도 채울 수 있고 맛도 좋아서 간편 식사로 많이 애용했다. 주꾸미는 구하기 쉽고 도시 사람 입맛에 맞는 오징어로 대체되어 지금까지 이어져 오고 있다.

중앙 부두 뱃머리 앞에는 충무 김밥집이 여러 곳에 생겨, 충무시민은 물론 통영을 찾는 관광객들은 김밥집에 들렀다. 충무 가면 충무김밥을 꼭 먹어야 한다고 하듯이 관광객들은 꼭 김밥집을 찾았다. 충무김밥이 통영의 명물로 등장한 것은 80년대 초부터이다. 통영이 충무라고 불리던 그때에 충무김밥은 서울에서 열리는 국풍81 문화축제 행사에서 '뚱보할매 김밥'이 참가하여 선풍적인 인기를 끌었다.

이때 '뚱보할매 김밥'이 매스컴의 주목을 받으면서 유명해지기 시작했다.

충무김밥의 유래에 관한 이야기 중 또 하나는 해방 이후 남해안의 충무항에서 고기잡이를 나가는 남편이 고기 잡느라 식사를 거르고, 술로 끼니를 대신하는 모습을 본 아내가 남편이 안쓰러워 김밥을 만들어준 것에서 시작되었다는 것이다. 처음에 아내가 싸준 김밥은 잘 쉬어서 못 먹게 되는 일이 많았고 그래서 밥과 속(반쯤 삭힌 꼴뚜기 무침과 무김치)을 따로 담아 주었는데 그 후에 다른 어부들도 점심 및 간식을 밥과 속을 따로 담은 김밥으로 해결하게 된 데에서 유래됐다는 설도 있다.

성인이 된 나는 충무에서 직장을 가져 여자 친구와 안면이 있는 여친의 친구와 셋이서 겨울철에 여수 오동도 관광에 나섰다. 충무항에서 밤 11시 반에 여수를 출항하는 흥안호 밤 배를 타고 새벽 3시 반경에 여수항에 도착하였다. 아직 동이 트려면 몇 시간을 기다려야 하므로 통행금지 시간이 있어 중앙 부두 앞 여관방에 들어가 날이 밝기를 기다렸다. 오동도는 동백의 명소로 방파제 길을 따라 걸어서 들어간다. 섬 전체를 이루고 있는 수천 그루의 동백나무에서 1월부터 빨간 꽃망울을 터트린다. 예나 지금이나 관광명소로 손꼽히는 여수 오동도, 여자 친구와의 관광여행은 추억으로 기억된다.

금성호, 갑성호 등의 여객선이 운항하던 충무항은 흐르는 세월 속에 지금은 한산도, 욕지도 등을 운항하는 연안 여객선만 뱃고동 소리를 울리며 섬 주민들의 애환을 싣고 통영항을 드나들고 있다.

(2020)

도산면지를 편찬하면서

면면히 이어 온 한 지역의 역사를 재조명하여 기록으로 남기는 일은 여간 힘들고 쉬운 일이 아니다. 우리의 선조들이 지난 세월을 어떻게 살아왔으며, 마을의 형태는 어떻게 변해왔는지, 산업 활동은 어떻게 이어왔는지 등의 사실관계를 밝히는 것은 쉽지 않다.

도산면의 역사를 한 권의 책으로 묶은 통영시 도산면지(道山面誌) 편찬은 2015년 정년을 1년 남겨 놓고 고향 도산면장으로 부임한 향토출신 A면장이 '도산면지'만은 편찬해야겠다는 제안으로 추진하게 됐다.

역대 도산 출신 면장이 몇 명이 거쳐 갔지만, 당시 A면장이 재임기간에 '도산면지 편찬 추진위원회'라는 간판을 걸어 놓고 물러나기로 마음먹었다.

A면장은 면지 편찬을 위해 도산면의 친목회장과 모임을 통하여 협조를 구하고 2015년 10월 15일 자생 단체장과 마을 이장, 주요 친목

회장 등이 참석한 가운데 '도산면 발전을 위한 감담회'를 개최했다.

간담회에서 도산 면지 편찬을 만장일치로 결의하고 추진위원장은 A면장이 염두에 둔 함안에서 중소기업을 하는 선창마을 출신 B사장이 맡기로 언약하고 사무국장 물색에 들어갔다.

A면장은 사무국장으로 몇몇 사람들이 나를 추천한다고 맡아달라고 해 다른 사람 2인에게 부탁하였으나, 모두 거절하는 바람에 사무국장 겸 주필(主筆)과 사진을 맡았다.

이렇게 하여 도산면지편찬위원회를 구성, 2016년 4월에 면 회의실에서 발대식을 갖고 면지 편찬에 들어갔다. 면지 편찬은 도산 출신으로 문단에 등단한 문인이 5명이나 돼 직접 집필하기로 했다. 편찬실에 상근직원은 집필과 회계담당으로 모두 3명으로 고향을 위해 봉사하는 정신으로 일하기로 다짐했다. 전 세대에 안내문 발송과 성원을 바란다는 현수막 게시 등과, 상반기, 하반기 추진사항 보고회도 빠뜨리지 않고 일 년간 예산집행사항 등을 감사 받았다. 도산면지는 1300여 페이지에 전면 칼라로 2200부를 만들기로 추진위원회에서 결정했다.

돈 한 푼 없이 출발하였지만 추진위원장, 향토출신 기업가와 자생단체, 친목회, 각 마을, 개인별로 협찬금이 답지 되고, 부산, 고성향우회와 출향 인사의 협찬으로 예산은 무난히 달성하였다.

처음으로 실시한 것이 마을의 유래인 '주민의 삶터'를 조사했다. 직접 마을을 순회하며 마을 원로 어르신으로부터 마을의 변천사와 지명유래, 공덕비 등을 조사하고 관련 사진도 촬영했다.

수산, 교육 등 각 분야별 자료 확보를 위해 국립수산과학원에 협조를 구하고 통영시청, 시 교육청, 통영문화원, 한려해상국립공원 동부사무소, 고성군청 등을 방문 참고될 만한 자료를 받았다. 마을 전경 사진은 통영시의 드론 촬영팀에 의뢰 오곡백과가 무르익어 가는 청명한 가을에 촬영했다. 또 한려수도 전경 등은 태풍이 지나간 다음 날에 장막산에 올라 찍었고 벽방산과 수월마을 앞 해맞이 공원 일출은 새벽녘에 촬영했다.

도산 8경 중의 하나인 '학 섬'은 옛날 학이 섬 전체를 하얗게 물들였던 사진을 인터넷에서 2장을 캡처하였으나 저작권 시비에 휘말릴까 봐 사용하지 못하고 직접 촬영했다.

면지 편찬 과정에서 도산면에는 역사의 흔적들이 남아 있었다. 태곳적 신비를 간직한 읍도 공룡 발자국을 비롯해, 조선시대 3도 수군 통제사가 통제영에서 한양으로 오갈 때 걸었던 관덕리 한퇴골에서 원동마을 까지를 '통제사 옛길'이라 지정했다.

통제사 옛길에는 구현겸 통제사 기념비가 한 퇴 마을 위 대한불교조계종 백우정사 앞 바위에 음각(陰刻)돼 있어, 사학자들이 이 기념비를 연구하기 위해 찾아온다는 백우정사 스님의 이야기다.

또 수월리 수월마을 뒷산 봉화산 옆에는 조선시대 적의 동향을 한양에 알리는 '우산봉수대(牛山烽燧臺)'가 경남도 지정 기념물로 지정돼 원형 상태로 보존되고 있었다. 이곳 봉수대는 2개의 화구(火口)에 옆에는 관리사 같은 돌의 흔적들이 남아 있었다.

도산면의 주요산업으로는 통영 굴의 70%가 도산면 바다에서 생산되고 있었으며, 여름에는 고구마 줄 따기, 겨울에는 시금치 캐기와 굴 까기로 경제의 도움이 되었다. 지역 특산물로는 파프리카, 애플망

도산면지편찬기념비

고, 딸기, 참다래, 블루베리 등을 재배 농가소득을 올리고 있었다.

감수는 통수 100년사를 감수하신 전 한양대 국문과 교수를 지낸 통영출신 C 문학박사가 맡아 잘해주었다. 편찬 기간은 1년 6개월을 잡았으나 1년이 더 걸려 2년 6개월 만에 편집 인쇄업체는 공개 입찰로 서울 모 기획사에서 맡아 완성했다.

2년 6개월의 산고 끝에 도산면지가 완성되어 가본(假本)으로 5권을 만들어 추진위원회의에서 선을 보였다. 책 내용을 집에서 확인하기 위해 가져간 추진위원은 일부 빠진 내용을 지적 해 보강을 하였고 박태주 수필가는 책 내용이 괜찮다는 평을 해 안도의 한숨을 내 쉬었다. 또 지역구 모 시의원은 책을 실용적으로 잘 만들었다고 했다.

면지 편찬 사업개요를 새긴 '도산면지편찬기념비'를 면사무소 정원에 설치 면민들이 면지 편찬 내용을 볼 수 있도록 했다. 출판기념회는 12월 초 영하의 날씨 속에 면사무소 마당에서 갖고 비용을 지원 새마을부녀회에서 굴, 떡국, 굴 회, 과일 등을 마련 2층 회의실에서 200여 명의 면민이 참석한 가운데 잔치를 벌이고 친선을 다졌다. 도산면의 역사와 선현들의 발자취가 담긴 도산면지는 후세에 중요한 자료가 될 것이다. (2018)

통영역사와 함께한 남망산 공원

남망산 공원은 통영지역 공원의 1호이다. 통영사람들에게는 가족 같고 오랜 이웃 같은 이름의 남망산공원이다. 남망산 공원은 입구 쪽의 평탄한 지대로 보아 처음에는 섬으로 추측되며 입구 태평동과 마주 보는 갯벌을 매립 육지와 연결한 것으로 예상된다.

통영항 해변에 있는 남망산 공원은 오래전부터 시민들과 연인의 산책코스로 많이 이용됐다. 산책길을 따라 공원에 올라 통영항을 내려 다 보면 호수 같은 동충 항 앞바다와 부산, 여수항을 오가던 여객선과 강구안을 드나드는 통통배들로 낭만적인 항구였다.

공원길을 따라 오르면 정상에는 이충무공의 동상이 임진왜란 때 한산해전을 승리로 이끈 한산 앞바다를 주시하고 있다. 남망산 이순신 장군상은 1950년대 당시 향토사학자들의 고증을 거쳐 실제 이순신 장군의 모습에 가깝도록 제작되었다고 한다.

공원 기슭에는 조선시대에 일 년에 2번 한산무과의 과거를 보았

다는 열무정의 활터와 무형문화재 전수관에는 오광대 등을 배우려는 예술 초년생들이 구슬땀을 흘리기도 했다. 남망산 일주 산책로 뒤편에는 옛날 금을 채광하였던 급경사의 금 굴이 있어 위험스럽기도 하다.

산책길에는 청마 유치환의 '깃발'시비(詩碑)와 초정 김상옥의 '봉선화'시비가, 최근에는 일본군 위안부 피해자 기림비 '정의비'가 자리하고 있어 시민들의 발길을 멈추게 한다. 정의비 동상 주위 나무에 노란 리본들이 매달려 있어 아픈 기억을 외면하지 않고 정의를 꽃피우기를 기원하는 시민들의 바람이 걸려 있다 하겠다.

남망산공원은 통영 8경 중의 1경으로 벚꽃나무와 소나무, 동백나무가 우거진 높이 72m로, 남동쪽으로 한산도, 해갑도, 죽도 등의 통영 앞바다의 절경을 바라볼 수 있다.

남망산의 역사는 시민과 함께하고 있다. 예전에는 지금의 시민문화회관 자리는 광장으로 이른 새벽부터 시민들이 모여 배드민턴 등으로 운동하며 즐기던 시민휴식공간이다.

1962년 10월 제1회 한산대첩기념제전행사가 故 박정희 대통령이 참석한 가운데 이곳 남망산광장에서 성대히 거행돼, 2박 3일 동안 시내 일원에서 제전행사가 열렸다. 한산대첩기념제전행사는 농촌에서 가을걷이가 끝난 10월23일부터 열려 농촌의 아버지와 어머니들이 흰 적삼옷에 두루마기를 걸치고, 긴 담배 대와 갓을 쓰고 구경나와 주막집에서 막걸리 등을 마시던 추억들을 회상할 수 있다.

또 통영나전칠기가 번창하던 1960년대에는 나전칠기 전수학교가 있어 나전칠기를 배우려는 사람들이 많았다. 흐르는 세월 속에 겨레와 나라를 지키다 산화한 통영시 출신 호국영령들을 추모하기 위하여 6.25 전쟁이 일어난 지 11년 만인 1961년 남망산 공원에 충혼탑을 건립 매년 추모행사가 엄수됐다. 그로부터 30년이 지난 1992년 6월, 통영시민문화회관 건립으로 호국영령들을 모신 충혼탑은 원문공원으로 옮기고, 남망산 광장에는 시민문화회관이 들어서 문화의 산실로 태어났다.

시민문화회관은 콘서트, 연극, 뮤지컬 등 각종 예술 공연과 영화 상영이 가능한 극장으로 사진전과 그림전 등 각종 전시회가 열리는 '남망갤러리'전시장이 마련돼 각종 전시회가 자주 열리기도 했다. 또 1997년 통영시민의 날에 시민문화회관 앞 언덕에는 세계 10개국, 15명의 유명 조각가들이 제작한 15점의 조형물이 설치된 조각공원이 탄생해 관광객의 발길을 멈추게 한다.

남망산공원에는 지난해에 선을 보인 디지털 파크 '디피랑'이 새로운 볼거리로 등장했다.'디피랑'은 야간에 1.5km의 공원 산책길을 따라 나무와 프로젝션 맵핑 등 각종 디지털 조명기술을 활용해 반짝이는 숲, 신비한 폭포 등 15개의 테마 구성으로 개장해 통영의 야간관광명소로 자리 매김하고 있다.

또한 '디피랑'은 환상적인 디지털 미디어아트 및 휘황찬란한 조명과 예술적인 비주얼로 펼쳐지는 국내 최장최대의 야외 야간 디지털 테마파크로 구성되어 테마가 있는 산책길로 거듭났다.

특히 남망산공원은 낮에는 하늘숲길, 이순신동상 광장 등에서 공원 이용에 불편함이 없이 통영의 멋진 해양경관을 조망할 수 있는 공간이 조성되어 있어 디피랑은 낮과 밤을 모두 즐길 수 있는 통영 관광의 중심지이다.

디피랑은 운영 7개월 만에 유료 입장객 10만 명을 돌파했다. 코로나 팬데믹으로 관광객이 줄어든 상황에서도 '디피랑'은 꾸준하게 관광객이 증가해 새로운 야간 관광상품으로 통영관광의 중심축이 될 것으로 기대된다.

천사의 섬 홍도와 흑산도

다도해 해상국립공원에 속하는 홍도와 흑산도는 보석 같은 섬이다. 목포에서 서쪽으로 약 115km 지점에 있는 홍도와 흑산도는 누구나 한번 가보고 싶어 하는 해양관광 섬으로 홍도는 1구 대밭 밑(죽항)마을과 2구 석기미(석금)마을이 있다. 1구에는 해수욕장과 동백 군락지가, 2구에는 등대와 천혜의 자연림이 경이롭다.

홍도는 섬 전체가 천연기념물로 지정된 신비의 섬으로, 홍도라는 지명을 얻기까지 몇 가지의 유래가 전해진다. 돛단배를 이용하던 시절에는 국제항로의 중간기항지였다. 항해하던 선박들이 북서풍을 피해 정박하였다가 동남풍이 불기를 기다리는 섬이라 하여 대풍도라 불리었다. 이후에 일본인들이 바다 위에 떠 있는 아름다운 매화라는 의미의 매가도라고 부른 적도 있었으나 해방 후에는 지금의 이름 홍도로 계속 불리어 왔다.

홍도는 천사(1004)의 섬이다. 원래는 신안군의 섬이 1001개였으나

3개 더 발견하여 1004개로 신안군에서는 '천사(1004개)의 섬'을 '천사의 섬 홍도''천사의 섬 흑산도'로 브랜드로 활용하고 있다.

2015년 깊어가는 가을에 부부 회원 30여 명은 홍도와 흑산도로 1박 2일로 여행을 떠났다. 아침 7시 50분에 목포항에서 출항하는 홍도행 쾌속선에 승선하기 위해, 칠흑 같은 어둠을 헤치며 새벽 3시경에 통영에서 관광버스에 올라 3시간여 만에 목포항 여객선 터미널에 도착했다.

'목포는 항구다'라는 노랫말 가사를 실감하듯이 부두에는 대형여객선이 빼곡히 정박해 있었다. 2층 대합실로 올라가니 홍도로 들어가려는 관광객들로 김해 공항 대합실을 방불케 했다.

우리가 타고 갈 쾌속선은 350명 정원으로 속력은 30노트다. 이 배는 예전에 홍콩에서 카지노 고객을 싣고 마카오로 운항했던 선박이라고 선원은 전한다. 부두를 출항 목포항을 벗어나니 섬과 섬을 연결하는 다리가 유난히 눈에 띈다. 통영과 비교를 하면 지척에 있는 한산도와 용초도, 죽도, 비진도를 비롯해 산양읍 달아 에서 송도, 학림도, 연대도, 만지도를 잇는 다리는 벌써 놓았어야 했었다. 목포항을 출항 비금도, 도초도를 지나니 망망대해지만 파도는 잠잠했다.

목포항을 출항한 지 2시간여 만에 절해고도 홍도에 도착했다. 부둣가에는 형형색색의 관광객들이 흑산도로 가기 위해 길게 줄을 서 있었다. 그토록 가고 싶어 했던 홍도 드디어 발을 내디뎠다. 이곳은 홍도 1구 마을로 마을 전체가 모텔, 호텔로 횟집, 마트 등으로 상가 마을 같고, 숙소는 해변가에 있는 호텔이다.

우리가 가던 그날은 주말이라 홍도에는 1천700여 명이 들어 왔다고 한다. 항구에 이어진 홍도 1구 마을로 들어가는 길목까지 관광객들이 북적이고, 길 양쪽으로는 해삼, 멍게, 돌김, 미역 등을 판매하는 작은 노점상들이 죽 늘어서 있다. 여객선이 들어오고 나갈 때만 일시적으로 열리는 이곳만의 풍경이라 한다. 마을에는 홍도 생태전시관과 홍도 관리사무소 그리고 우체국과 초등학교 분교도 보였다.

첫날은 섬 정상의 깃대봉 탐방이다. 흑산초교 홍도분교를 지나 깃대봉을 오르는 들머리 초입은 계단으로 시작한다. 산 계단으로 오르며 아래로 내려보니 마을이 절경이다. 등산로는 '연인의 길'이라고 명명돼 있고, 뿌리가 다른 나뭇가지가 서로 엉켜 마치 한 나무처럼 자라는 '연리지'도 자생하고 있다. 산길에는 동백나무와 밤나무, 후박나무, 졸참나무, 팽나무 등이 군락을 이루었다.

깃대봉 정상에서 흑산도, 태도, 가거도가 시야에, 저 멀리 수평선의 망망대해가 신기루다. 섬 정상인 깃대봉에서 홍도 1구로 내려오는 길목에 비교적 원형이 잘 보존돼 있는 숯 가마터에 들렀다. 일제강점기에 기차와 무기의 원료로 사용된 참나무 숯을 구워서 공출했던 아픈 역사가 있는 곳이었다.

이튿날에는 유람선을 타고 홍도 33경이라는 섬 일주의 해상관광을 즐겼다. 해안 절경을 따라 한참을 돌다 보니 홍도 2구 마을이다. 여객선이 드나드는 홍도 1구 마을에 비해 2구 마을은 여객선이 닿지 않고 어선으로 이동을 하며 가끔 유람선이 손님들을 태웠다.

홍도를 출항 30분 거리의 흑산도로 향했다. 산과 바다가 푸르다 못해 검게 타버린 흑산도다. 흑산면은 흑산도를 포함한 11개의 유인도와 다수의 무인도를 합쳐 총 100여 개로 섬이 많다. 흑산도는 서남해안 어업전진기지로 그리고 홍도 관광의 기항지로 알려져 있다. 각 섬을 연결시켜 주는 해상교통의 요충지이자 행정, 교육, 산업 등 모든 면에서 큰 몫을 하고 있다.

흑산도는 해안을 따라 나 있는 일주도로가 섬과 어우러져 경치가 빼어나다. 일주도로에는 정약용의 친형인 정약전의 유배지가 사리마을에 복원되어 있다. 정약전(1760~1816)은 신유사옥(辛酉邪獄)으로 흑산도에서 유배 생활을 하던 중 자산어보(玆山魚譜)를 남겼다.

'자산어보'는 흑산도 근해의 수산생물을 실지로 조사하고 채집한 기록으로 책명에서의 자산(玆山)은 흑산(黑山)이라는 뜻이다. 자산어보는 수산동식물 155종에 대한 각 종류의 명칭·분포·행태·습성 및 이용 등에 관한 사실이 상세히 기록되어 있다.

섬 일주도로를 따라 속리산의 말티고개보다 더 굴곡이 심한 상라산 12굽이길 산마루에 있는'흑산도 아가씨 노래비'에 올랐다. '흑산도 아가씨'노래는 1965년 흑산도 고교생이 서울을 가려고 하였으나 풍랑으로 가지 못했던 사연으로, 작사가 정두수, 작곡가 박춘석 씨가 이 사연을 전해 듣고 노래로 만들어 이미자에게 주어 히트한 곡이다. 1967년에 발표된 '흑산도 아가씨'를 부른 가수 이미자 씨는 2012년 45년 만에 흑산도를 찾아 주민들에게 뜻깊은 공연을 열었다.

다도해의 비경 홍도와 풍랑으로 서울을 가지 못한 흑산도 아가씨의 애환이 깃든 흑산도와 홍도 이곳을 찾는 관광객들로 지역경제의 도움이 되고 있었다. (2016)

동백의 섬 장사도

통영항에서 뱃길로 40여 분 거리에 있는 한산면 매죽리의 장사도는 동백과 후박나무가 지천으로 경치가 빼어난 섬이다. 동백나무는 섬 중앙에 길게 터널을 형성하여 해상공원 개발 이전에도 동백, 후박나무와 장사도 분교건물, 사람들이 살았던 집 주변의 대덕도, 소덕도 등으로 가고 싶은 섬이었다.

장사도는 1960년대에 2개 마을에 13가구 80여 명이 어업을 하며 살았다. 마을은 섬 중앙 높은 곳에, 또 한마을은 소덕도가 보이는 남쪽 방향 바다와 가까운 아래쪽에 자리하고 있었다.

섬 아이들의 교육을 위해 장사도 분교가 1968년 4월에 교실 한 칸, 교무실 한 칸으로 개교하여 1991년 졸업생 45명을 배출하고 폐교되었다. 지금도 천연잔디의 소형 운동장과 학교건물이 보존되고 있어 그때의 추억을 떠오르게 한다.

장사도 분교에 부임한 한 부부 교사가 1973년에 선착장에서 꼭대기까지 하루에 10여 회 천 번 이상을 오고 가며 자재를 옮겨 작은 교회의 건물을 완성해 마을주민 대다수가 교회를 다녔다고 한다. 이들의 이야기는 유현목 감독의 '낙도의 메아리'란 영화로 만들어졌고, 섬 주민들은 선생의 공덕을 기리기 위해 교회를 지은 선생 비를 세웠다.

섬 주민들은 주로 어업으로 생활하였으나 오늘날같이 선착장 시설이 좋지 못한 그때는 배를 동풍이 불면 서쪽 바다에, 서풍이 불면 동쪽 선착장에 배를 정박했었다.

1980년대 초 경제개발과 산업화의 물결로 이곳 섬에도 주민들이 하나둘 섬을 떠나기 시작해 1990년대 초에는 사람이 살지 않는 섬이 되었다. 우연히 이 섬에 갈 기회가 생겨 섬에 들어가니 60대 후반의 남자가 섬을 지킨다고 홀로 섬에서 살고 있었다.

장사도의 소유자는 거제에 사는 김 모 씨가 섬 주인이다. 김 씨는 1999년 장사도 개발에 꿈을 꾸었다. 당시 통영시 관광과 관광개발 업무 팀장을 맡고 있던 나에게 그는 장사도 해상공원계획서를 가지고 왔다. 총사업비 150억으로 선착장, 진입로, 온실, 관리사무소, 탐방로, 야외공연장, 구름다리, 가옥복구, 장사도 분교 복원 등을 계획했었다.

사업계획서는 통영시에서 접수 사업의 타당성 등을 검토 후 경남도를 경유 문화관광부에 진달 하도록 돼있다. 시장에게 결재를 올렸더니 사업비가 적다고 하면서 보완을 해 오라는 것이다. 당시 통영시에서는 장사도, 비진도, 추도, 납도, 등 5개 섬을 관광 섬으로 개발 추진 중에 있어, 장사도는 한국의 으뜸가는 야생화 섬으로 조성

하겠다는 야심 찬 계획을 했었다.

다시 사업비를 증액하여 계획서를 가져와 경남도를 경유 문화관광부에 진달 되었다. 문화관광부에서는 환경부, 국립공원관리공단 등 관련 부서와 몇 년간 협의를 거쳐 관광 섬 개발 허가를 해주었다.

본격적인 장사도 해상공원 개발이 시작되자 한려해상국립공원에서는 섬 동쪽 항에 유람선이 정박할 수 있는 선착장과 부잔교를 제일 먼저 완성했다. 2007년 1월 1일부로 국립공원입장료를 폐지하는 바람에 입장료 징수는 금물이다. 통영시에서는 공공부문으로 섬 중앙까지의 환경친화적인 진입로 900m를 국, 도비 등으로 지원해 환경친화적인 진입로를 만들었다. 또 지하수 몇 공을 시추, 한두 군데 지하수가 올라와 공사하는 데 사용했다.

장사도 해상공원은 1000석 규모 야외공연장, 스타벅스 맥도날드 등 조각상, 동백터널, 수생식물원, 미술관 갤러리, 열대식물원, 스넥 코너, 야외 갤러리 조각전, 장사도 분교, 무지개다리, 부엉이 전망대 등을 갖추고 2012년 3월에 개장했다.

케이블카 외 새로운 관광자원이 없던 통영으로서는 장사도 해상공원이 통영의 새로운 해상관광지로 부상(浮上)했다. 예전에 주민이 살던 아름다운 섬 장사도가 통영의 해상관광 메카로 빛나기를 바란다. (2014)

학림섬 정보화 마을

남해안의 푸른 물결 출렁대는 외딴섬 학림도는 행안부에서 지정한 정보화 마을이다. 도시와 농어촌 간의 정보격차를 해소하고 마을 특산물을 인터넷을 통한 온라인 상거래와 체험 등으로 마을 소득증대를 모색하기 위한 정보화 마을은 인터넷 새마을 운동이다.

전국에는 364개 마을, 경남에는 거제 어구 낚시 마을, 고성 하이면 송천 참다래 마을 등 29개 마을이 있다. 학림섬 정보화마을 관리자로 인연을 맺은 지도 벌써 한 해가 다 되어간다. 2010년 1월 초에 한려카페리호 여객선에 몸을 싣고 설레는 마음으로 학림섬에 첫 출근 하는 날 영하 4도의 매서운 한파로 몹시 추웠다. 코끝으로 스치는 갯바람과 시퍼런 바다는 을씨년스러웠다.

관리자의 일이 한마을에 대한 봉사의 길이라고 생각하고, 섬 주민들에게는 낮은 자세로 관리자로 일할 것이라고 마음먹었다. 학림섬 부두에 내리니 나이 드신 분이 나를 반겼다. 학림섬 어촌계장 A씨로 반갑게 인사를 나눴다. 마을회관 2층에 있는 사무실로 가니 썰렁했다.

학림 섬마을

관리자의 업무는 정보화마을 홈페이지 관리와 마을주민 컴퓨터 교육, 바지락체험 관리, 마을일 돕기 등이다. 관리자는 사진 촬영, 글쓰기, 컴퓨터를 알아야 할 수 있는 일로, 전국의 관리자는 30~40대의 가정주부들이다.

60여 세대에 140여 명이 살고 있는 학림섬 마을에는 집집마다 컴퓨터가 보급돼 있고, 정보센터에는 교육용 PC가 있어 주민에게 정보화 능력 배양을 위한 윈도우XP, 한글, 인터넷 검색 등의 교육도 실시하고 있다.

학림섬은 한적한 어촌마을이다. 섬의 생김새가 학의 긴 날개처럼 닮았다 하여 붙여진 이름으로 섬 주변이 은빛 찬란한 잔잔한 호수 같다. 학림섬은 1970년대 초 새마을 운동이 한창일 때 농어촌 새마을 가꾸기 사업에서 전국 최우수 마을로 선정되기도 하였으나, 지금은 그 흔적만이 남아 있다. 하지만 지금은 어촌 어항 관광지 조성사업으로, 민박시설, 세미나실을 갖춘 이층 규모의 휴양관을 비롯해 해안 산책로, 유료 낚시터, 마을광장 리모델링 등으로 새로운 도약을 하고 있다.

어촌에도 고령화 사회로 접어들었다. 20여 명의 할머니 할아버지들은 한평생을 일하여 허리가 좋지 않다. 어르신들은 사흘이 멀다 하고 시내 병원으로 나간다.

나는 동네 어르신에게 장수(영정) 사진을 찍어 액자까지 넣어 무료로 해드리기로 했다. 장수 사진을 찍게 된 계기는 어느 날 박종실(85세) 어르신께서 사진을 확대하는데 얼마나 드냐고 묻길래 내가 사진을 찍어드리겠다고 했다. 마을 어르신 10명이 사진 촬영을 원했다. 따뜻한 봄날 마을공사장에서 스티로폼을 하나 얻어, 여기다 시내 문구점에서 파란색, 노란색 전지를 사 사진 배경으로 하여 청명한 날에 사진 촬영에 들어갔다. 박종실 할아버지는 양복을 차려입고 중절모까지 써 멋을 냈다. 할머니들도 한복에, 어떤 할머니들은 시내에서 머리를 뽀글뽀글하게 손질까지 해와 사진을 촬영, 시내 사진관에서 인화해 3단 액자에 넣어 드렸더니 좋아했다. 어느 날 박종실 어르신 댁에 갔더니 장수 사진을 보란 듯이 마루 위에 떡 걸어놓아 보람을 느꼈다.

길게 뻗은 학림섬은 4곳의 갯가에서 바지락이 지천으로, 바지락 캐기 체험을 종종 가져 진주와 시내 등에서 20~30명의 관광객이 체험하러 온다.

학림섬 주민들과 인연을 맺은 나는 섬을 떠난 후 10여 년간 5월 8일 어버이날 마을 경로 효 잔치에 참석해 주민들과 정을 쌓았다.

바다에서 어업과 바지락도 캐고 봄이면 봄나물을 채취하며 생활하는 학림섬 주민들 건강하고 행복하기를 바란다. (2011)

섬나들이호

인간은 일상생활에서 문화생활을 누리며 행복하게 생활하기를 원한다. 전국이 몇 시간 생활권인 요즈음에도 섬에 사는 사람들은 섬의 특수성으로 육지와 지척인데도 시내 나들이에 하루가 걸린다. 갑작스런 돌풍에 풍랑주의보로 여객선은 발이 묶이고 봄이면 짙은 안개로 여객선이 자주 결항을 하는 편이다.

통영시 산양읍 달아 항에서 뱃길로 10분 거리인 학림도, 송도, 저도, 만지도, 연대도의 5개 섬은 통영항 연안여객선 부두에서 하루 오전 오후 두 차례 여객선이 왕복 운항한다.

이러한 5개 도서에 섬과 육지로 드나드는 섬 주민과 섬을 찾는 관광객의 편의를 위해 산양읍 달아 항에서 운항할 차도선이 통영시의 지원으로 2011년 말경에 배를 띄웠다.

차도선 규모는 30톤에 승선 정원은 40명, 차량적재는 3대에 360마력 디젤엔진 2개를 장착, 최고 속력 10노트를 항해할 수 있다. 차

섬나들이호

도선은 시비(市費)지원과 마을부담금으로 거제 성포에 있는 A조선소에서 배를 진수했다.

차도선 선명은 5개 섬을 상징하는 오도호, 킹 스타호, 버드 아일랜드호, 에코 아일랜드호 등이 거론되었으나 최종적으로 대학교수가 지은 '섬나들이호'로 선정됐다.

이러한 과정이 진행되는 동안 일부 섬 주민들이 차도선 운항에 대해 불만의 소리가 솔솔 새어 나왔다. 민원의 요지는 통영항 여객선터미널에서 오전 오후 하루 2회 왕복으로 시내 장터까지 잘 왔다 갔다 하며 다니는데 지팡이에 의존한 섬주민 할머니들은 달아 항에서 시내버스 계단 오르기가 힘들고 불편하다는 것이다.

또 시내까지 버스 운행시간이 많이 걸리고 택배업체에서 달아 항까지 매일 택배 수송에 난색을 표했다. 연대도는 취나물, 학림섬은 고들빼기, 방풍과 수산물 등을 부둣가에 내놓으면 여객선 선원들이 시내까지 가져다주면 서호시장 상인들이 직접 가져가 집에 가만히 앉아서도 돈을 받는데 달아 항에서는 어르신들이 그 무거운 짐을 시내버스에 싣는다는 것은 더 힘들다는 것이다.

섬나들이호는 달아 항에서 취항 식을 갖고 운항에 들어갔다. 차도선은 오전에 2회, 오후에 2회 4항차 운항으로 관광객들이 이용하기에는 편리하지만, 달아 마을, 연명마을 주민들의 불만도 터져 나왔다. 섬나들이호 승객 20여 명이 달아 마을에서 자리를 차지하면 연명마을 주민들은 시내까지 40여 분을 서서 가야 하므로 때로는 섬주민과 차 안에서 언성을 높이기도 했다. 세월이 흐르면서 이런 불평도 사그라져 갔다. 하루 4항차 운항으로 섬을 찾는 관광객이 늘어만 갔다.

이러는 과정에 연대도와 만지도를 잇는 출렁다리가 건설됐다. 출렁다리를 이용 만지도를 건너면 마을까지 해변을 따라 친환경적인 데크가 놓여 주말에는 천여 명의 관광객이 찾는다. 밀려드는 관광객을 섬나들이호 만으로 감당할 수 없어 유람선 한 채를 더 띄웠다.

섬은 도시인들에게는 가고 싶은 섬, 며칠 밤을 묶으며 낚시도 하고 여행을 하고 싶은 섬으로 떠 오르지만 막상 섬에 들어와 2~3일 지나면 외롭고 쓸쓸함을 느낀다. 섬에는 어쩌다 낯선 사람이 오면 몹시 궁금해한다.

산양읍 학림섬 정보화 마을 관리자로 근무하고 있던 2010년 12월 어느 날 중년여성이 배낭을 메고 사무실을 방문했다. 정보화 마을센터를 찾는 걸 보면 정보화 마을을 잘 아는 것 같이 느껴졌다. 그 여인을 마을 경로당으로 안내했다. 마치 그때 경로당에는 어르신

몇 분이 모여 점심을 준비하고 있었다. 강원도 모 정보화 마을에서 왔는데, 섬에서 살 것이라면서 살림살이할 방을 말해 주라고 했다.

이때 마을 주민이 여러 곳을 전화해 최근에 집을 비운 집을 말해 주었다. 마을에서는 가스통도 갖다 주고, 쌀도 한 가마 사다 주며 살림살이 일을 도왔다. 집은 허름하지만 현대식 생활시설을 갖춘 방이 하나 딸린 집이다.

낯설고 물설은 학림 섬까지 천 리 먼길을 무슨 사연으로 왔을까 하고, 마을 사람들은 모두 화제다. 이 여인은 강원도 집에서 학림섬 정보화마을 홈페이지를 몇 년 전부터 방문, 학림섬을 가고 싶은 섬으로 생각하고 있었다. 오 남매를 둔 여인은 강원도에서 남편과 아들 며느리와 함께 농사를 짓고 살았는데, 남편과의 갈등으로 이곳 섬에 오게 된 것을 엄마를 찾아온 딸에 의해 알게 됐다. 여인은 마을 주민들과 금세 친해졌다. 독거노인 할머니와 시내 나들이 동행과 밭에 퇴비도 운반해 주고, 바지락도 캐며 섬 생활을 시작했다. 또 경로당에 어르신들에게 음식도 대접하며 정을 쌓았으나 한 달여 만에 섬을 떠났다.

아기자기한 섬 속에 둘러싸인 학림섬, 섬사람들은 이웃과 따뜻한 정을 나누며 그렇게 생활하고 있다. (2011)

간결한 문장으로 따뜻함을 전하는 수필

– 수필집 『인연, 그 소중한 만남』을 중심으로

오 경 자

(문학평론가 · 국제PEN한국본부 부이사장)

수필은 자신의 체험을 바탕으로 해서 쓰는 글이다 보니 회고에 천착하기 쉽고 문장이 진부해질 위험성을 내포하고 있다. 체험을 쓰되 어떻게 많은 사람들의 그것과 차별화하고 객관화해서 독자의 가슴을 파고 들 것인가는 수필 쓰기에서 가장 중요하게 대두되는 문제이다. 이런 점에서 볼 때 박건오의 수필은 놀라울 정도로 문장이 담박하고 간결해서 이런 점들을 기우로 날려버린다.

박건오의 수필은 거대담론이 아닌 아주 소박한 이웃집 아저씨의 속삭임과 같이 평이하다. 우리는 쉬운 것을 초보 단계와 혼동하는 경우가 많은데 수필에서의 문장의 평이성은 수필 전체의 작품성과 독자와의 공감대 형성이라는 면에서 볼 때 아주 중요한 부분이다. 주로 수필 문장을 쉽게 써야 한다는 것으로 이해하고 있지만 문장 표현뿐 아니라 서술 자체를 평이하게 하는 것이 중요한데 생각보다 쉽지 않다.

박건오의 수필은 대부분 아주 쉽고 소탈하게, 매사를 심상하게 그려나가는 특색을 지니고 있다. 아름다운 섬을 품은 통영에서 나고 자란 작가는 속속들이 섬 사랑, 통영 자랑이 몸에 배어 있어서 숨만 쉬어도 통영이 쏟아져 나올 것 같다. 사량면사무소에서 공직에 몸담기 시작한 작가는 지방 행정관으로 일생을 보내면서 고향 사랑을 마음껏 실천할 수 있어 행복했고 그 현장이 그의 좋은 수필의 산실이다. 그는 아름다운 섬들을 소개하면서 지나칠 정도로 간결하고 소박하게 쓰고 지나감으로써 독자에게 무한한 여백을 선사하고 행간에 담긴 그의 진정한 고장 사랑을 느끼는 독자는 나름의 상상으로 미소를 지으며 책장을 넘기는 재미를 맛본다. 장황하게 쓴 것보다 훨씬 흡인력이 있어 독자는 그곳에 가고 싶어진다.

> 숨을 멎게 할 듯 완벽한 구도에 귓전에 들릴락 말락 하는 낮은 파도 소리와 초여름 날씨를 시원하게 식혀줄 해풍까지 밀려온다. 순결한 오감이 꿈처럼 살아난다. 2천 명의 관객들이 오랜 기다림 끝에 검은색 일색의 백건우 씨가 무대 위에 오르자 모두가 기립박수로 환영했다. 그의 부인 윤정희 씨는 객석 뒷자리에 앉았다. 영화계의 한 시대를 풍미했던 윤정희 씨, 청춘 시절의 예쁜 모습은 지나온 세월 속에 노년의 품위 있는 모습으로 시선을 끌었다. 잠시 침묵이 흐르는 시간 속에 백건우 씨의 공연은 시작되었다. 모두가 숨을 죽인 채로 공연에 빠져든 느낌이다.
>
> –「섬마을 콘서트」 중에서

이 얼마나 간결한 표현인가? 작가는 이 수필로 이번 첫 수필집의 첫 장을 연다. 여러 가지로 의미심장한 선택이라 할 일이다.

"시장님! 우리학교 어린이들의 소원이 한 가지 있답니다. 우리학교 어린이들은 태어나서 지금까지 바다 구경 한 번도 못해 보았습니다. 우리 어린이들에게 아름다운 통영의 바다를 구경할 수 있는 기회를 주신다면…."

구정희 어린이는 기쁜 소식을 기다리겠다며 글을 마무리했다.

(중략)

산골 어린이와 섬 어린이는 풀섶에서 지저귀는 산새 소리와 푸른 물결 출렁대는 섬에서 정서 함양과 꿈을 향한 열정으로 먼 훗날 훌륭한 사람이 되었으면 한다.

-「산골, 섬 어린이」 중에서

남의 글을 인용하는 예문의 선택은 어떤 면에서는 작가 자신의 말보다 더 어려울 수도 있다. 박건오는 이 어린이의 글을 인용하면서 진솔한 그 마음을 독자에게 진하게 전달하여 눈시울을 붉히게 만들고 만다. 곧 작가의 마음이 이심전심된 것이어서 그렇다. 그 근저에는 섬에 대한 자부심이 은근히 배어 있다. 그 어려운 일을 해내고 뒷바라지를 하면서도 그 힘듦보다 장래 이 나라 동량들의 앞길을 위해 기원하는 작가의 마음을 잘 담고 있는 점에서 박건오의 수필세계를 엿볼 수 있다.

그의 자연 사랑은 고향만이 아니다. 지리산을 비롯한 전국의 명산이 그의 등산로 아닌 곳이 없을 정도이다. 이 산들에 오르내리는 이야기를 글감으로 삼을 때도 그의 무색무취한 수필기법은 어김없이 빛을 발한다. 수선스럽게 표현하는 법도 없고 명산의 감동을 말함에 지나침이 없이 조신하다. 거대한 산에 대한 경외심을 행간에 묻는 그의 표현 때문에 독자는 조용한 마음으로 작가와 함께 담담하게 그 좋은 산들을 함께 앉아서 오르내린다. 그 오롯한 기쁨은 읽어보지 않은 사람은 모른다.

어머니는 누구에게나 그리움이고 아픔인 경우가 많다. 박건오 역시 어머니에 대한 애틋한 그리움을 담담하게 그려내고 있다.

따르릉 전화벨이 울린다. 어머니 전화다. 며칠 있으면 설 명절인데 내일 읍내에 가서 머리 손질도 하고, 당뇨약도 타러 가자고 하신다. 토요일 어머님을 모시고 읍내에 나가 병원에서 약도 타고 미용실에서 머리 손질도 시켜드렸다. 작년 설전에 추운 날에 어머님을 찾았더니 어머니는 이 추운 겨울을 피하고 내년 봄 따뜻할 때 저세상으로 갈 것이라고 했다. "어머니 이 좋은 세상에 오래오래 사셔야지요, 무슨 말을 그렇게 하세요, 어머니는 올해 여든 하나잖아요." 하면서 편안하게 지내시라고 하였다.

그러나 어머니는 이듬해 따뜻한 봄날 5월에 형님과 형수가 밭에 가서 일하고 점심 먹으러 오니 어머니는 병원에 입원 한번 안 하고 홀연히 하늘나라로 떠나셨다.

나무는 조용히 있고자 하나 바람이 그치지 않고 자식은 부모를 봉양하고자 하나 어버이는 기다려 주지 않는다는 말이 있는데, 살아생전에 하느라고 했지만 잘못하고 불효한 것이 왜 없겠는가? 부모님이 돌아가시고 나니 역시 후회만 남는다. 그리운 부모님 사랑합니다.

-「그리운 어머님」 중에서

수필은 후회와 고백, 진솔한 문장이 아주 중요한데 위의 표현은 이 세 덕목을 다 갖춘 것으로 박건오 수필세계를 한눈에 볼 수 있는 대목이다.

박건오는 아내를 글 속에 많이 등장시키지 않으면서도 가슴 깊이 울림을 주는 아내 사랑의 메시지를 강하게 남기고 있다. 수필은 대부분 글 속에 가족이 등장하고 가족애가 주제가 되는 글이 많기 마련이다. 그에 비해 이 작가는 아내를 직접적으로 거론한 수필이 손가락으로 셀 정도로 비중이 적다. 하지만 그의 산행이나 중요행보에 아내는 언제나 동행자로 등장한다. 동행했다는 한마디나 그것도 아닌 부부동반으로 간 행사였다고만 표현할 정도로 그 부분에 인색하다 할 정도이다. 그런데도 어느 작가의 수필 못지않게 진한 아내 사랑을 담아냄으로써 가족애를 형상화하는 데 성공한 작품을 빚어냈다.

> 병 발생 7년 만에 아내는 이승을 떠났다. 나는 아내에 대한 병간호를 후회하지 않을 것이라고 처음부터 서울 큰 병원에 입원시켜, 진료에 최선을 다하였으나 그래도 아쉬움이 남는다. '함께 할 때 잘하라.'는 말이 있듯이 하늘나라로 떠난 지 1년이 지나서도 아내 잃은 허전한 마음은 지금도 애절하다. 아내는 내 고향 마을 편백 숲이 울창한 밀양 박씨 문중공원묘지에 고이 잠들고 있다. 아내를 그리워하며 촌에 논, 밭에 가는 길에 종종 묘소를 찾아 놀다 오기도 한다. 함께 가야 할 사람 나도 언젠가 그곳으로 가리라.
>
> –「함께 가야 할 사람」 중에서

사랑하는 아내를 떠나보낸 심정을 이토록 담담하고 군더더기 없이 간결하고 응축되게 표현하기는 쉽지 않은 일이다.

그의 국토 사랑은 전국의 명산 고적에 걸쳐서 수필로 빚어지고 국경을 넘어 해외여행 길의 관조로 이어진다. 여행안내서와 다른 각도의 정보를 충실히 제공하면서 담담하게 세계 유적과 명승지 문화재 등을 간단명료하게 소개하는 정도로 그친 것 같은 그의 수필 속에는 나름의 주제가 보석처럼 빛난다. 박건오의 시각에서 재해석된 관광지의 이모저모가 선명한 메시지가 되어 가슴에 톡톡 박힌다. 세계의 유명 관광지를 돌아보면서 작가는 주눅 들지도 않았고 들뜨지도 않는다. 이것이 박건오의 작품세계 특징이다.

박건오의 수필은 인간애와 우애를 바탕에 깔고 있다. 개인사나 가정사 등에서는 누구나 사랑이 묻어나는 글을 쓰게 되는 경우가 많다. 독자는 대부분 작가의 가족이나 친구 관계에서 작가의 사랑을 만나게 되는데 박건오는 그렇지 않다. 그의 공직 수행 중 만나는 모두가 그의 사랑의 대상이다. 대민봉사는 그에게 두 번 다시 말할 필요가 없다. 천부적으로 그에게는 인간에 대한 무한한 사랑이 넘쳐나서 대상만 만나면 분수처럼 사랑이 뿜어져 나온다. 작가 박건오가 청렴결백한 공무원으로 일생을 살면서 주위의 사표가 될 수 있었던 원천이 바로 그의 인간애이다. 섬사람들의 일상생활을 돌보고 관찰하는 일에서부터 충청도 산골 아이들이 바다를 보고 싶다는 열망을 편지로 부쳐 와서 통영시장이 그 일을 실행에 옮기는 이야기를 써 내려간 수필에서 무한한 인간애를 만나게 된다.

우애는 그 시절 사람들에게 거의 당연한 것이기도 했지만 그 실천이 사실은 그리 쉬운 일이 아니다. 특히 유산의 문제 등에서는 매우 날카로운 대립으로 상처를 입는 일도 많은데 그는 형님이 다 맡아 지으시던 농토를 어렵게 운을 떼어 분재 받게 되는 이야기를 어이없을 정도로 담담하게 그려내고 있다. 그의 마음이나 행동도 단 몇 줄로 간결하게 쓰고 지나감으로써 수필의 묘미를 실감하게 하는 멋을 보여주고 있다.

박건오의 수필세계는 섭리에 대한 깊은 이해와 순명이라는 거대담론을 빼고는 말하기 어렵다. 그 사랑은 아름다움이나 자연현상의 기이함과 거기서 비롯되는 감탄에서 그치는 것이 아니라 천명에의 순종이라는 우주 질서에 대한 순복으로 가득 차 있다. 사랑하는 아내의 마지막 길을 간병기를 간결하게 쓰고. 자신이 혼자 남았음을 말하면서 불가항력적 일에 대한 자연스런 현상으로 표현하는 속에 그의 섭리에 대한 무한한 경외심을 독자에게 전이시키는 데 성공한 작품을 쓰고 있다.

박건오의 수필에는 확고한 국가관과 체질화된 애국심이 면면이 깔려있다. 평화전망대를 찾은 작가는 북방한계선과의 거리가 불과 2.3Km밖에 안 되는데 바라만 보아도 뭉클한 그곳을 뒤로하고 돌아서는데 아픔을 느끼는 심정을 담담하게 담아내면서 안보를 행간에 깊숙이 넣어 보이고 있다.

박건오의 수필은 그냥 고향 사랑을 넘어 향토사적인 고찰과 필치로 고장의 명물과 음식들을 자세하게 소개하는 열정을 지니고 있다.

> 충무 김밥은 여타 김밥과는 달리 속에 반찬을 넣지 않는 것이 특징이다. 대신 참기름을 바르지 않은 김으로 손가락만 하게 싼 밥에 깍두기와 오징어 무침을 곁들여 내와 여객선 손님에게 한 끼 식사로 제격이었다. 당시 멸치 어장에서 잡히던 주꾸미와 호리기 그리고 홍합과 무김치를 대나무 꼬치에 끼워서 김밥과 함께 종이에 싸서 팔았는데 배도 채울 수 있고 맛도 좋아서 간편식사로 많이 애용했다. 주꾸미는 구하기 쉽고 도시 사람 입맛에 맞는 오징어로 대체되어 지금까지 이어져 오고 있다.
>
> -「금성호와 충무김밥」 중에서

주제 설정과 담담한 서술 그리고 간결한 문장으로 독자에게 신선한 충격을 주는 박건오의 수필세계를 간략히 소개하였다. 섬사랑, 고향 사랑, 우리 전통문화 등 여러 분야의 다양한 글감들을 섭렵하고 있는 박건오 수필집의 일독을 권한다. 가슴이 따뜻해질 것이기에.

박건오 수필집
인연, 그 소중한 만남

2021년 7월 25일 초판 인쇄
2021년 7월 30일 초판 발행

지은이 / 박건오
발행인 / 강병욱

발행처 / 도서출판 교음사
편 집 / 隨筆文學社 出版部

03147 서울 종로구 삼일대로 457 수운회관 1308호
Tel (02) 737-7081, 739-7879(Fax)
e-mail : gyoeum@daum.net

등록 / 제 2007-00052호

* 잘못된 책은 바꿔 드립니다. 값 12,000원

ISBN 978-89-7814-829-0 03810

경남문화예술진흥원

- 이 도서는 경남문화예술진흥원으로부터 발간비 일부를 지원받아 제작되었습니다.